ARNOLDO DE LA ROCHA Y NAVARRETE

SOCIO FUNDADOR DE POLLO FELIZ

SUEÑO
MEXICANO

UNA HISTORIA QUE CONTAR

Sueño mexicano
Una historia que contar

Primera edición: febrero, 2022

D. R. © 2022, Arnoldo de la Rocha Navarrete

D. R. © 2022, derechos de edición mundiales en lengua castellana:
Penguin Random House Grupo Editorial, S. A. de C. V.
Blvd. Miguel de Cervantes Saavedra núm. 301, 1er piso,
colonia Granada, alcaldía Miguel Hidalgo, C. P. 11520,
Ciudad de México

penguinlibros.com

Scarlet Perea, por el diseño de interiores
Fotografías de interiores: archivo del autor

ISBN: 978-607-381-105-7

*A todos los jóvenes que desean
emprender un proyecto.*

ÍNDICE

INTRODUCCIÓN

México tiene muchos Méxicos. Es un país de contrastes: muy pocos muy ricos y muchos muy pobres, mucha agua en Tabasco y poca en Coahuila, mal repartidas las oportunidades.

El destino, y sólo el destino, me ha dado la oportunidad de vivir en muchos Méxicos. Y no sólo he vivido, he sido protagonista: he trabajado la tierra, he migrado, he formado una familia, he abierto la puerta de muchas empresas, he participado en proyectos trascendentes para la sociedad, he generado conciencia y he encabezado distintos proyectos de carácter social. Después de Dios, nadie me ha dado más que México. Ésa es la razón que me motiva a luchar para hacer un país mejor, porque estoy convencido de que del bien común germina el bien individual.

Un Estado libre y soberano, como nuestro país, se compone de tres grandes partes: un territorio, un gobierno y la población. El territorio es nuestro patrimonio, lo tenemos que cuidar, proteger y defender. El gobierno tiene que mantener el Estado de derecho, salud y educación, entre otros. Como sociedad, nos corresponde participar responsablemente en el destino de nuestro país.

Una sociedad es grande por la calidad de sus ciudadanos, pero no es suficiente; exige su participación activa. Hasta el momento, los mexicanos no hemos podido ponernos de acuerdo para mirar hacia el mismo horizonte, necesitamos dejar de victimizarnos para ser una población activa, propositiva y generadora de mejores condiciones para todos.

Los problemas y las necesidades que genera la sociedad son superiores a la capacidad del Estado para resolverlas, por ello debemos de participar desde la sociedad civil, porque es claro que nuestros gobiernos no han podido solos. Culparlos es un recurso hace tiempo gastado, agotado. Sin embargo, nuestra memoria histórica nos hace seguir usándolo. La victimización es parte de nuestra cultura; que los caciques, que los españoles, que los gringos, que los ricos, que los políticos, que los pobres, sin asumir cada quien su responsabilidad. Si nos quitáramos este mal hábito, nos desharíamos de la mayoría de los problemas que nos aquejan como sociedad y tomaríamos el control de nuestro destino.

Los cambios sociales no son masivos ni instantáneos, son generacionales. Si queremos educar a un hombre tenemos que comenzar con su abuelo, para que su nieto piense diferente. Estoy convencido de que todos queremos un México mejor, y el camino más directo y sostenible es formando mejores mexicanos, hombres y mujeres responsables que amen a su patria. Si empezamos por cambiar la educación sin esperar el relumbrón de los resultados inmediatos, tendremos futuras generaciones de mexicanos con otra visión, mejores condiciones de vida y por supuesto más felices.

Todos estamos en condiciones para contribuir a esta tarea. No importa nuestra condición social, académica, económica, religiosa; formar mejores mexicanos nos corresponde a todos. Es un trabajo que se tiene que hacer por amor a esta tierra, sin esperar aplausos, brillos, gratitudes, sólo por la satisfacción del deber cumplido, con la esperanza de lograr un México más justo, más humano.

La vida no es una breve llama que se apaga con nuestra muerte, es una antorcha que debemos hacer brillar intensamente para entregarla encendida a las siguientes generaciones. Sólo tenemos una vida para participar, pero cuando la vivimos bien, con una es suficiente.

«EL HOMBRE ENTIENDE EL SENTIDO DE LA VIDA CUANDO PLANTA ÁRBOLES SABIENDO QUE DE ESA SOMBRA NO VA A DISFRUTAR.»

PROVERBIO GRIEGO

Escribo este libro desde la trinchera de la sociedad civil, es decir, no busca votos, no pretende vender nada ni cambiar de religión a nadie. Lejos están estas páginas de la política partidista y de intereses comerciales.

Al compartir mis experiencias por largos caminos en diversos escenarios mexicanos pretendo ahorrarles palos de ciego a los jóvenes. Las personas muy inteligentes aprenden de los errores y aciertos de los demás. Las personas normales tenemos que cometer nuestros propios errores para aprender, pero hay también quienes no aprenden ni de los errores propios ni de los ajenos.

Al finalizar este libro, mis experiencias serán suyas y espero que hagan una diferencia en sus proyectos futuros, conocerán mejor a México y el tipo de mexicanos que necesitamos para los retos que tenemos como país.

Los invito a leer con la mente abierta, pero criterio firme. Mente abierta para aprender, y criterio firme para no desviarnos de nuestros sueños.

ARNOLDO DE LA ROCHA Y NAVARRETE

PARTE UNO

EL CAMINO **DEL CAMPO**

A LA CIUDAD

Una hermosa tarde a principios de julio mi papá barbechaba las tierras del llano de Buenavista muy cerca de nuestra casa. Labraba con una yunta de bueyes prestada. Mis hermanos y yo ayudábamos espantando a los chanates para que no se llevaran las semillas. La tarde aún era joven cuando empezó a llover. Suspendimos las labores, arriamos rápidamente la yunta para dejarla uncida debajo de los capulines que crecían frondosos a orillas del llano. Regresaríamos a soltarla cuando pasara la lluvia. Dimos por terminada la jornada de trabajo.

Al llegar a mi casa, mi mamá lavaba el nixtamal para hacer tortillas al tiempo que hervían los frijoles en una enorme olla de barro. Los perros, caballos, gallinas y vacas buscaban lugares para resguardarse. Nos quedamos en la puerta de la casa observando la lluvia.

De pronto aparecieron pequeños arroyos de agua rebotada con color a tierra rojiza que se fueron juntando y formaron un caudal que por algunos minutos se salió de los límites del cauce del arroyo grande que cruza las tierras de Zarupa. El viento zarandeaba de un lado a otro los árboles parecía que los madroños, pinos, encinos y capulines se habían puesto de acuerdo para bailar juntos la misma danza. Los pájaros a mitad de la tormenta salían expulsados de su primer refugio escapando en zigzagueantes vuelos de un árbol a otro. Sólo el estruendo de los rayos nos alejaba por momentos de la puerta desde donde mirábamos entretenidos. Mi papá mantenía la vista fija en los capulines que cubrían la yunta de bueyes, le preocupaban los rayos que no dejaban de caer. Algunos años atrás, una centella había terminado con la yunta mientras esperaba que la lluvia pasara.

La tormenta fue perdiendo intensidad siguiéndole una llovizna de grandes pero ralas gotas que no dejaban de mojar. En algún momento, sin que nadie se diera cuenta, mi papá en sus pensamientos fue más allá de los capulines, al infinito. Se fue con el viento o siguiendo la luz de un rayo y desde muy lejos nos dijo: «¡Algún día la yunta será nuestra y tendremos muchas vacas y una gran partida de chivas!». Al ver nuestra cara de asombro nos asignó tareas para no dejarnos fuera del hermoso viaje que lo mantenía ausente y nos metió en ese vuelo. «Joel, Arnoldo y yo con una yunta cada uno barbecharemos las tierras del Bayado y del Rincón, Manolete cuidará más de cien chivas en el cerro de la Cruz. Su mamá, Gloria y Linda, junto con los vaqueros que trabajarán con nosotros, ordeñarán más de veinte vacas, todas con nuestro fierro de herrar».

Por ese tiempo sólo teníamos dos vacas, quince chivas, la yunta era prestada, nadie trabajaba para nosotros. Mi papá se fue más lejos que el viento y muy pronto todos juntos planeábamos el futuro, volamos tan alto y tan lejos que no nos dimos cuenta cuándo dejó de llover. Nos despertó la enérgica voz de mi mamá, quien nos dijo con determinación: «¡Ya pasó el agua, pueden regresar a barbechar de nuevo!». El agua marcaba la pauta y de acuerdo con sus reglas había que regresar a soltar la yunta y dar por terminada la jornada, pero mi mamá nunca estuvo de acuerdo con el horario establecido por la lluvia, así que nos mandó a barbechar en medio de la húmeda tarde. «Ya salió el sol, secó la tierra, es temprano. ¡Algo podrán avanzar en lo que oscurece!».

Estas dos maneras de actuar y ver la vida me formaron como persona. Mi mamá objetiva, realista, con los pies sobre la tierra, responsable y seria, siempre guardó distancia. Sólo en casos extremos pedía favores. Jamás dejó su destino en manos ajenas, esperó respuesta del trabajo, del esfuerzo. En cambio, mi papá siempre soñó con un futuro mejor. Confiaba en las personas, en sus amigos y en la suerte. Trabajó sólo lo necesario, dijo mucho, tomó riesgos y rompió moldes. Se visualizó pudiente, poderoso, patrón: el sueño mexicano.

En la vida hay que tener sueños lo suficientemente realistas para llegar a ellos antes de morir, pero lo suficientemente motivantes para levantarse todos los días a luchar por ellos. Para realizar un sueño, lo primero es soñarlo.

CIEN MIL HECTÁREAS
Y LAS DEMASÍAS

El rancho de Zarupa es una pequeña ranchería perdida en lo más recóndito de la sierra tarahumara, lejos de la capital del estado de Chihuahua. Mis antepasados De la Rocha llegaron a mediados del siglo XIX a esta sierra a trabajar las minas de Morelos, hoy cabecera municipal. Provenían de viejos pueblos mineros del estado de Durango: Mapimí, Guanaseví y Copalquín. Eran católicos y de buenas costumbres. Compraron al licenciado don Benito Juárez la planicie más bonita de toda la sierra en la parte alta del barranco. Con mucho trabajo y dinero que dejaban las minas construyeron la hacienda de Zarupa. Cuentan que en algún tiempo pastaban por estas tierras más de tres mil cabezas de ganado y aseguran que se cosechaban grandes siembras de frijol, maíz y trigo.

Nací en esta exhacienda a la mitad del siglo pasado, el 1 de abril de 1957 como a las tres de la mañana. Mis padres me pusieron por nombre José Arnoldo de la Rocha y Navarrete. El apellido De la Rocha, según mi papá, proviene de familias importantes y de prosapia pura, pero mi mamá dice que el Navarrete es de más alcurnia. Los dos los llevo con mucho orgullo. La «y» no me llegó por herencia, pero se me hizo elegante y decidí hace algunos años agregarla a mi nombre. Nadie me lo ha reclamado, ahí sigue y seguirá.

Más de cien años después de las épocas boyantes de la hacienda, cuando yo nací, quedaba poco de aquellas riquezas. En un viejo baúl de finas maderas hecho muy lejos de esa tierra guardábamos un título de propiedad roído y apenas legible, que amparaba más de cien mil hectáreas y las *demasías* —tierras que sobraban porque no existía un sistema de medición exacto—. Según sello y firma del Benemérito de las Américas, la familia De la Rocha era la única heredera y dueña de casi toda esta región. El baúl, el título, algunos *rosatés*, tejocotes que como plantas silvestres crecían por todas partes, unas cuantas zanjas, algunas trincheras abandonadas y por supuesto los valores y las buenas costumbres de los antepasados, eran los únicos testimonios de lo que fue la grande y próspera hacienda de Zarupa. Las trincheras y zanjas sólo estorbaban, no cercaban ya nada, si acaso servían de referencia para buscar un supuesto tesoro que, según algunos lugareños, mis antepasados habían enterrado durante los años prósperos de la hacienda. Hasta el día de hoy nadie ha podido encontrarlo, pero eso no evitó que cientos de buscadores de ilusiones hicieran hoyos por todos lados en busca de alazanas de oro. Del título, ¡qué les cuento!, los ejidatarios les tuvieron más respeto a las cartas de Carlota a Victor Hugo que al famoso título. Fraccionaron el terreno de manera que sólo nos dejaron unas cuantas hectáreas: los llanos y unas tierras en el barranco que ni los agraristas quisieron.

La sangre azul y la prosapia que mi papá ostentaba le dieron muchos tragos gratis de *lechuguía* —bebida alcohólica de agave—, por narrar con lujo de detalles la vida pomposa que aquí y en las grandes ciudades llevaron sus antepasados. También el abolengo lo salvó de muchas horas con el azadón, instrumento que no combina con la sangre azul —en esto estoy también de acuerdo con él—. Pero en un estricto apego a la verdad, esta pompa no prometía un futuro muy sólido. Mi papá, sin saberlo, despertaba en nosotros sueños, y la seguridad para luchar por ellos, ingredientes esenciales para volar.

Para 1957 sólo había dos casas en Zarupa: la nuestra, de troncos de pino, repellada de lodo, techo de tableta y piso de tierra, ubicada donde se juntan los arroyos de La Laguna y del Ballado, y la de mi tío Nacho, de adobe y donde pasaba todo lo importante: posaban los viajeros, llegaba mi abuela, llegaban las noticias y, lo más relevante de todo, había suficiente comida.

En Zarupa nunca pasaba nada, todo era quietud. Todo el año esperábamos las aguas y luego que las aguas se fueran para volver a esperarlas. El sol llegaba diario, diario se iba también. Las pocas emociones que llegaban a nuestra vida llegaban de fuera; compradores de ganado, por ejemplo. Registrábamos cada palabra, comentario, color y matadas de su mula, calibre de la pistola, tipo de montura, color de la cobija. O falluqueros que desparramaban sus envoltorios en la tierra para exhibir sus mercancías. Durante días recordábamos el color de las peinetas y moños, el aroma de cada perfume, el matiz de los listones. Almacenábamos cada detalle en la memoria para poder volver a vivirlo y emocionarnos de nuevo. De esa manera no quedábamos vacíos.

Por las noches, cuando aparecía Fortino Argüelles, narraba como juglar y con lujo de detalles los acontecimientos recientes de la región. Nosotros, sentados alrededor de la lumbre mientras hervía el suero del requesón, lo escuchábamos sorprendidos como si nos hablara de un país lejano, muy lejano, totalmente diferente al nuestro. Entre las historias, contaba los estragos del *avión bola* —nombre que los tarahumaras le daban a los helicópteros—, que, lleno de soldados, bajaba en cualquier echadero y tenía asolada la lejana región de Baborigame.

Este gambusino llegaba montado en una mula canela con una silla catrina de la cual colgaba todo tipo de telebrejos para buscar minas o *entierros* —tesoros ocultos en los viejos pueblos mineros—. No partía de ningún punto ni tenía destino fijo, pero conocía perfectamente dónde rancheaba cada lugareño.

Nuestra convivencia diaria era con pocas personas y muchos animales: perros, vacas, burros, gallinas, caballos—; a cierta distancia, los salvajes —coyotes, zorras, cholugos, ardillas—, y desde luego, los que siempre supimos que por ahí andaban, pero que nunca los vimos —chilacampuses, saltapatrases y sarampagüiros—. Mis recuerdos más lejanos se remontan a unas cuantas vacas y burros pastando a orillas de amarillos llanos durante el mes de mayo: vacas de rancheros de la región que mi papá cuidaba al *partido* —convenio entre dos rancheros en el que uno pone el terreno y el otro las vacas. El primero, quien suele ser el más pobre, las cuida, ordeña y tiene derecho a una de cada tres crías—.

Los *rosatés* crecían en largas lianas y durante una corta temporada daban hermosas rosas blancas que juntábamos y mi mamá se las ponía a los santitos para que nos cuidaran. Lo hicieron muy bien, no hay reclamo alguno. Zarupa es un lugar muy bonito, tan bonito que muchas tardes mientras cuidaba las chivas y contemplaba los paisajes desde alguna de sus cumbres me preguntaba: «¿por qué Dios que sabe de estas bellezas no construye su casa aquí?» Con el tiempo supe que Dios ahí vivía, pero Dios no necesita casa.

Cuidábamos con esmero todos los recursos: la comida, la ropa, incluso las calorías ya guardadas en nuestro cuerpo, pues no había gordos en Zarupa. Los que llegaban pasados de peso eran sinónimo de que gozaban de abundancia, salud y riqueza; seguro tenían comida. A los tejocotes al mutar en fruta silvestre se les acabó la pulpa. Sólo juntando varios kilos engañabas al hambre, que, por cierto, en mis épocas de niño siempre estaba presente. Nadie gastaba nada sin un propósito. Comíamos lo que ahí se producía: maíz, frijol, chícharo, lenteja y derivados de los animales que criábamos —vacas, gallinas, chivas, marranos y una que otra ardilla o venado que llegábamos a matar; más ardillas que venados, que por cierto casi nos las acabamos—, además de lo que la naturaleza nos daba por temporadas: quelites, ballusas, miel de colmenas, hongos, nopales, tunas de coyote, tejocotes, arrayanes, bellotas, yerbaniz, mezcalitos, pitayas. La comida de los animales como avena, sal, rastrojo y maíz se administraba con cuidado.

Muchas de las medicinas que utilizábamos eran plantas de la región, como chuchupate para el piquete de alacrán, sarabiques para vientos cruzados, té de limoncillo para escalofríos, escorsionera para falseaduras, lenteja para la desnutrición, yerbalavíbora para mordidas de víbora, huevos para el susto, varejones de capulín para la flojera, yerbabuena para el dolor de estómago, té de manzanilla y caldo de pollo para las recién paridas, tepozana en compresas para inflamaciones, té de laurel con trementina para la tos, entre otras. Arrancábamos a la tierra lo suficiente para sobrevivir.

Para comprar ropa, sal, azúcar y lo que ahí no producíamos, teníamos que viajar a caballo hasta lugares donde existieran tiendas, en aquellos tiempos hasta Bacallopa o Guachochi, a varios días de camino arreando burros de carga. El único comercio que existía en mi tierra era el trueque, cambiábamos una vaca parida por una silla de montar, una pistola por un caballo, maíz por frijol. Estos viajes los hacía mi papá dos o tres veces al año. Yo los esperaba con gran ilusión, pues estas travesías también traían dulces y galletas.

Viví completamente dentro de una economía de alternancia, de autoconsumo, austeridad o sobrevivencia, con algunos principios de vida nómada, un estilo de vida extinto en muchos lugares del planeta pero que prevalece todavía en algunas comunidades campesinas en México. En épocas de calor, así como los tarahumaras, los mestizos que ahí vivíamos emigrábamos a las cumbres frías para ordeñar las vacas y cuidar las chivas. En el invierno nos mudábamos al fondo de los barrancos para sembrar maíz o frijol, aprovechábamos los ciclos de frutas silvestres, hacíamos parajes intermedios para que nuestro ganado aprovechara el pasto.

Emigrábamos tres o cuatro veces al año; los cambios los determinaban el agua, el viento, el pasto y el frío. En el nuevo rancho construíamos una casa de palma o buscábamos una cueva. Arreábamos de un paraje a otro las vacas, los becerros, las chivas, seguidos de nuestros perros. Cargábamos todo lo necesario —baldes para ordeñar, ollas y platos de barro, cucharas de madera, guares, petates, pialeras, soyates (palma enrollada)— y un burro con aparejo llevaba las cosas más pesadas —el metate, la artesa, las cobijas— y de sus patas colgando las gallinas.

En el nuevo rancho seleccionábamos una piedra grande como mesa principal y piedras menores como sillas. Juntábamos leña y la lumbre permanecía encendida el tiempo que durábamos ahí. A pesar de que nosotros sólo teníamos lo necesario, había tarahumaras con menos recursos: no tenían vacas ni chivas, vivían en cuevas que dejaban para trabajar cuidando de los becerros, acarreando leña y moliendo el nixtamal.

Para los niños la gran aventura, emigrar de un rancho a otro, era una gran experiencia. Significaba nuevos aromas, pasto trillado, flores de octubre, limas, moras, lugares para jugar, arenales para hacer ranchitos con piedras de colores, árboles gachos (ladeados) para hacer columpios, charcos para bañarnos, cogollos para hacer soyates. Como el mayor, yo lideraba a mis hermanos pequeños en las expediciones de reconocimiento por nuestro nuevo territorio.

Caminar expectante por la orilla del arroyo buscando paso entre las piedras, sorteando los charcos, abriendo las ramas y de pronto descubrir un árbol repleto de guayabas, era un triunfo completo. Yo me subía al árbol a sacudir las ramas para que se desprendieran las que estaban maduras y mis hermanos las recogían para amontonarlas sobre una piedra. Luego, todos juntos nos las comíamos. Regresábamos a ese árbol durante días para bajar las que fueran madurando.

Recorríamos el territorio revisando los encinos, algarrobos o madroños buscando panales. Juntábamos piedras, buscábamos el ángulo y lo bajábamos a pedradas. Nos escondíamos para escapar de las abejas, esperábamos que disminuyera la intensidad del zumbido y después nos acercábamos lentamente para recoger las pencas, separar la miel y repartirnos el botín.

Encontramos una cueva con las paredes tiznadas, restos de tepalcates y pequeñas divisiones de trinchera que marcaban límites de lo que fue un hogar. Al recorrerla, imaginábamos lo que ahí fue y cómo se vivía en sus épocas de gloria. Entonces les inventaba una historia a mis hermanos: le ponía nombre a cada miembro de la familia; aquí dormían, aquí comían, esta piedra era para vigilar... imaginaba todo. Había héroes, monstruos, villanos, enfrentamientos, afectos y tristezas. Estos cuentos dieron pauta para bautizar cada cueva: la de los gigantes, la de la bruja, la de la niña blanca, la de los vampiros, la del hombre sin cabeza y, desde luego, la cueva del diablo.

Estas experiencias son parte de mi formación y se quedaron en mí para siempre. Despertaron instintos primitivos de cazador-recolector que llegan a mí con el olor de una guayaba, el sabor de la miel, cuando camino por un río, cuando llega el otoño o cuando cuento una historia.

EL DESPERTAR DE LOS SENTIDOS

Conocí Potrero de los Bojórquez cuando tenía cinco años. Estoy seguro de que a esas alturas de mi vida era el lugar más hermoso que había visto. Hoy es uno de los lugares más desatendidos, tristes y abandonados que conozco. ¿Qué pasó?

En esta localidad nació y creció mi mamá, quien a los 15 años se casó con mi papá de 16; tuvieron 12 hijos, de los cuales yo soy el mayor. Después de su boda no volvieron al pueblo sino hasta que fuimos a la boda de mi tía Virginia, hermana de mi mamá, con mi tío Baro, hermano de mi papá.

Hicimos el viaje de distintas maneras: unos a caballo, otros a pie, algunos de las dos formas. Yo iba en las ancas de un caballo prieto moro que mi papá montaba. Para el lonche y la ropa arreábamos dos burros y una mula de carga. Cruzamos la sierra cubierta de nieve por el Camino Real, con muchísimo frío. Durante la noche hicimos una gran fogata con leña de madroño, encino y carnero que juntamos de los alrededores, y calentamos el lonche: tortillas de harina, quesadillas de frijol, de machaca, gallina cocida, nopales con chile colorado, huevos cocidos. Al otro día reanudamos el camino descendiendo hacia el barranco, y al corto tiempo la vegetación y el suelo cambiaron radicalmente: apareció el piso arenoso del tucurubay, algarrobos, batallaques, chilicotes, torotes, verracos, guácimas, vainoros, papaches, salvias, chapotes y pitayas, entre otras plantas del barranco. Mucho antes de que los naranjos aparecieran, mi joven y sensible olfato detectó el aroma sutil y delicado de sus azares. Pensé entonces que no era un aroma de este mundo, sino uno creado por Dios para el deleite de los ángeles.

Al llegar a Potrero lo primero que vi fue una gran huerta frutal con naranjos, limones, guayabas, limas, toronjas y enormes cortijos de caña. Para mí era de lo más rico y preciado que podía existir, pues en Zarupa en esa estación del año no había frutas. Y no lo había visto todo: enjambres de miel, moliendas de caña, tamales de norote, trenzas de melcocha y unos *cochis* gordos que, transformados en chicharrones con blancas tortillas de maíz, nos supieron a gloria. Abundaba el chocolate con galletas, y yo acabé con mi dieta después de pasarme todo el día comiendo naranjas, guayabas, papaches y limas. Conservar la figura no estaba dentro de mis prioridades.

Mi abuelo era uno de los hombres más respetados de todo el municipio. Era dueño de tierras y ganado, y comisario de policía. Portaba en la cintura una pistola con una carrillera llena de parque. Cuidaba el orden y en muchas ocasiones hacía funciones de autoridad moral en los bailes, en las bodas o en cualquier fiesta. No permitía comportamientos inmorales que fueran contra las buenas costumbres.

El pueblo entero asistió a la bonita fiesta. El gran tocadiscos se instaló en el patio de la casa; se descompuso y dio lata toda la noche, cada media hora lo tenían que arreglar. Lo bueno fue que no faltaban los borrachos y desesperados bailadores dispuestos a ayudar. Todo el rato fue disfrutar de la vida hasta que me mandaron a dormir al tapanco.

Durante varios años Potrero fue el centro comercial y social más importante del municipio de Morelos, en gran parte por las compañías mineras que explotaron las ricas vetas de tungsteno que tenía y sigue teniendo el Cerro Verde, un gran acantilado que emerge majestuoso en el fondo del barranco con enormes rocas de vivo color esmeralda; de ahí su nombre. Dicho metal, el más duro de la tierra después del diamante, tiene un uso importante en la industria bélica, pues es utilizado para puntas de misiles. Por ello, el pueblo tuvo varias épocas de esplendor. Durante la Segunda Guerra Mundial, la guerra de Corea y la de Vietnam, se construyó y habilitó en la parte alta de la sierra una pista de aterrizaje para grandes aviones de carga. En mulas llevaban el tungsteno hasta la pista.

La empresa minera trajo técnicos e ingenieros de Chihuahua para operar la maquinaria, verdaderos personajes que impulsaban algunas modas atrevidas para los rancheros. Ellos, junto con los diez maestros de la escuela primaria, formaban la élite de Potrero. Vivían en la hacienda, cerca de la mina, donde estaban las oficinas, la maquinaria, las bodegas y los dormitorios. Eran tratados con respeto y admiración; lo que dijeran, hicieran o dejaran de hacer era de gran influencia para el pueblo.

En ese lugar conocí la luz eléctrica, generada por grandes motores diésel que daban luz a las instalaciones de la empresa, mientras las casas se alumbraban con tizones de ocote o leños de pitayas. Tuve que digerir un caudal de emociones en poco tiempo por tantas novedades que llegaban a mi vida.

CACERÍA DE PICHONES

Un día del mes de agosto apareció en Zarupa un grupo de jóvenes para dispararle a los pichones que hacían nido durante esa temporada en el tupido bosque de encinos por el camino a La Laguna. Llegaron a pedirle prestado a mi tío Nacho un viejo rifle calibre .22, el único del rancho, un Remington .22 de un solo tiro y de complicado manejo: había que colocarle manualmente el cartucho en la recámara, realizar el disparo y con el filo de una navaja sacar el casquillo para el siguiente tiro; sólo los que conocían sus fallas podían utilizarlo. Lo cuidaba con mucho celo y respeto, como un verdadero tesoro, pues con él mataba venados y era de las pocas veces que comíamos carne. Después de muchas recomendaciones, lo prestó y pactaron con mi primo Hilario los servicios de guía y técnico artillero para maniobrar el rifle, a cambio de un par de disparos, dos galletas y algunos tragos de leche condensada.

Para esta aventura de matar pichones se vistieron con todo lo que encontraron relacionado con la cacería. Algunos venían preparados como para viajar al Congo y caerle a un gorila en el lomo sin que se diera por enterado, unos sólo sombrero y a otros se les fue el presupuesto en lentes oscuros como para cruzar el Sahara de orilla a orilla sin ningún problema con el sol. Sabían a lo que iban y estaban dispuestos a disfrutarlo.

Cuando pasaron frente a mi casa me incorporé al grupo porque a donde iba Hilario iba yo, cuando sólo tenía seis años. Era algo así como su asistente, pero con cero posibilidades de realizar un disparo, aunque si la suerte estaba de mi lado, me tocarían galletas. Dejé las cosas en manos de Dios. Hilario se puso al frente del grupo seguido del portador del rifle, en seguida el que llevaba un morral con parque y el lonche —tres latas de leche condensada y dos paquetes de galletas—, luego la larga fila de matapichones y el último era el escudero de Hilario: yo.

Mi ropa era color tierra de Zarupa, me la había puesto en mayo, para agosto ya se había teñido de tierra roja. Mis pantalones remendados sólo me los quitaba para remendarlos sobre lo remendado. Mis cachetes partidos, craquelados por el sol y bañados de polvo ya tenían ese color rojizo. Sin duda estaba yo mucho mejor camuflado que ellos. Los cazagorilas, que iban concentrados en lo suyo, no se enteraron cuando me incorporé al grupo.

Cuando llegamos al bosque se agruparon formando un círculo para ponerse de acuerdo en los últimos detalles; desde que compraron el parque sabían dónde harían los disparos. Habían repartido los cartuchos entre ellos: los disparos serían según las aportaciones de dinero. Acordaron quién dispararía primero y la logística para poner los pichones a tiro. Yo permanecía fuera del círculo atento a las indicaciones de Hilario, emocionado esperando los disparos y el desplumadero.

De pronto, sin que nadie lo esperara, ¡pummm!, un disparo fuera de tiempo, forma y lugar. Al depositario del rifle, el mayor del grupo, se le escapó un tiro al recargar la culata del Remington sobre la tierra justo en el centro del grupo. La bala pasó por en medio de todos los que formaban el círculo. Antes de partir con destino al cielo perforó la chamarra gris, de gabardina, con cuello negro aborregado, rellena de algodón de Hilario. Parte del relleno quedó al descubierto por el rozón de la bala que pasó cerca del hombro derecho de mi primo, a milímetros del cuero.

Después del estruendoso disparo hubo un silencio fúnebre, sólo se escuchaba el aleteo de los pichones que huyeron asustados y volaban de un encino a otro. Cuando Hilario se dio cuenta de lo cerca que estuvo de morir, empezó a temblar asustado; no se podía controlar. La temblorina parecía ir en aumento, así que le dieron agua del arroyo, pero no se calmaba. Más agua y nada, hasta que uno de los cruzadesiertos propuso darle leche condensada. Con la navaja para sacar casquillos abrieron una lata y le dieron los primeros tragos. No fue suficiente, se tomó toda la lata y se tranquilizó ligeramente. Con voz balbuceante pidió galletas —al enfermo lo que pida—, se las comió casi todas. Después del festín, Hilario poco a poco volvió a la cordura.

Cuando lograron tranquilizarlo elaboraron distintos planes para ocultar el accidente a mi tío Nacho, el dueño del rifle, y a sus padres. Primero le retacaron el algodón a la chamarra, luego acordaron la versión que todos dirían y repitieron varias veces el diálogo. Cuando parecía que todos estaban de acuerdo en cuanto a qué explicaciones darían, fue Hilario quien se dio cuenta de que a mí no me consideraron en los planes acordados. Al contarles de mis dotes naturales de comunicador, de nuevo cerraron el círculo para que yo no escuchara. Al separarse, toda la atención fue hacia mí con el claro propósito de negociar mi silencio.

La primera oferta fue un par de galletas bañadas con leche condensada. Cuando vieron que no era suficiente, y descubrieron que mi silencio valía mucho más que la propuesta del primer intento, aumentaron la oferta a más galletas. No acepté todas las galletas y toda la leche. Tampoco las galletas, la leche y dos disparos. «Dinos qué quieres», me dijeron con delicadeza, en tono negociador. Para esas alturas de la negociación yo ya tenía muy claro qué buscaba: «Quiero todas las galletas, toda leche, y los cuarenta y nueve cartuchos que les restan. Yo no quiero matar pichones, los disparos serán a un blanco fijo. Me tomo la leche condensada y luego ustedes ponen los botes vacíos a doscientos metros para que yo les tire cómodamente. Cada vez que tire uno, lo ponen de nuevo, no quiero caminar».

Los que no me conocían cerraron el camino a las negociaciones con un rotundo *no* a mis peticiones, pero Hilario sabía muy bien de lo que yo era capaz y se volvió promotor de mi solicitud. Me alejé ligeramente del grupo con dirección a las casas para que tomaran la decisión con calma, sin presión. Por algunos minutos sólo escuchaba la discusión sin saber los avances de las negociaciones. Yo sólo esperaba un acuerdo parejo, justo, un ganar-ganar: ellos partirían limpios, sin regaños, sin sobresaltos, el siguiente verano podrían regresar a tirarle a los pichones; para mí sólo sería una tarde diferente, comiendo galletas y sintiendo el poder de las balas tirando botes que ellos recogerían para ponerlos de nuevo.

Cuando las negociaciones se trababan, me encaminaba impaciente rumbo a las casas, abandonando mi posición de espera. Pronto me alcanzaban para convencerme de que regresara y esperara un poco más; aclaraba que necesitaba la respuesta de inmediato. En el décimo cónclave salió humo blanco y de inmediato me informaron del resultado. La respuesta fue cien por ciento a mi favor.

#MUSTDO
No midas fuerzas con el que tiene la sartén por el mango, es mejor un mal arreglo que un buen pleito. En la cacería como en los negocios y en el amor, a veces se pierde y a veces se gana, con un movimiento en falso puedes perder la presa.

Cuando todos estuvimos completamente de acuerdo, limadas las asperezas y superadas las diferencias, dejamos el bosque, salimos al llano, pusieron los botes y eché bala. Los cazadores cumplieron fielmente su palabra: a cada disparo ponían el bote de nuevo. Terminamos casi al oscurecer, a su regreso le regalaron el morral camuflado a mi tío Nacho, le dieron las gracias por prestarles el rifle y con pasos lentos y cansados los vimos alejarse con rumbo a Las Palomas. Nunca regresaron, dijeron que los pichones de Zarupa estaban muy flacos.

Aquella tarde todos ganamos. Aquellos jóvenes que decidieron comprar parque para matar pichones regresaron con muchas técnicas básicas de negociación y mucha experiencia. Mi tío Nacho obtuvo un moderno morral camuflado de lona que colgó de la cabeza de la silla de montar. En él cargaba el lonche cuando salía a campear, lo lució mucho tiempo. A los pichones nadie los volvió a molestar, hicieron sus nidos, sacaron sus pichoncitos y volaron libres. Hilario comió muchas más galletas de las que le correspondían, remendó su chamarra y todo quedó superado. Cuando nos quedamos solos me confesó: «Si me tranquilizo con agua del arroyo, no pruebo las galletas». Y yo, cada vez que pasaba por el bosque de encinos que crecían frondosos por el camino al llano de La Laguna, recordaba con claridad cómo salían volando los botes con cada disparo. Disfruté y recordé aquella tarde por mucho tiempo. Guardé el secreto durante 58 años. Así es la vida del cazador, siempre regresa con algo: una aventura, una presa, una experiencia, una historia que contar.

«EN LA VIDA NO SE OBTIENE LO QUE SE MERECE, SE OBTIENE LO QUE SE NEGOCIA.»

CHESTER L. KARRASS

De la negociación sólo puedo decirles que Dios pone los medios, las galletas las tenemos que negociar nosotros, y que es muy cierta la frase de Karrass, pero para poder negociar es necesario estar al mismo nivel que tu opositor. De tú a tú. A pesar de mi edad y mi origen, no negocié con miedo ni me sentí menos que los cazadores.

#MUSTNOT

No puedes negociar parejo si no estás parejo o en la misma posición que tu oponente. Nunca te sientas menos, el que sabe lo que vale, busca lo que se merece.

ENTRE EL DIABLO Y EL VIENTO

En el invierno de 1961 mi tío Nacho sembró lentejas en todas las tierras del Bayado. Barbechó con una yunta prestada; de un roble hizo el arado, el yugo, la telera y las cuñas, hizo las coyundas y el barzón del cuero seco de una vaca flaca que murió en la sequía y unció un toro viejo con los cuernos gachos bueno para pelear con un novillo de cuatro a cinco años, amarillo, limoncillo, frontino, palangana, sabino de los ijares, de muy malas mañas. Hizo un largo viaje al barranco para cortar la garrocha de otate. Cuando tuvo el equipo completo, contrató a un fiel trabajador como sembrador y empezó a labrar la tierra.

Hilario y yo llevábamos el lonche a medio día y nos quedábamos en el barbecho a chirotear en la tierra floja. No podíamos ayudar en nada, pues sólo estorbábamos en la maniobra, espantábamos a los bueyes, enterrábamos los surcos y pisábamos la semilla. Muy seguido nos corrían a terronazos: «¡Fuera de aquí, *bukis* perjuiciosos!».

La lenteja es una de las pocas siembras que se hacían en Zarupa en el invierno para cosecharla a principios de la primavera cuando el sol está fuerte y seca la paja. Para limpiarla, quitarle el tamo, la basura y la paja es necesaria una trilla y la ayuda del viento para que se lleve lo ligero dejando sólo el grano, justo para eso me contrataron: ¡llamar al viento!

Cuenta una leyenda de la sierra que en cierta ocasión el diablo y el viento se pelearon. El diablo ventajosamente, como es su costumbre, le dio una pedrada en una pata al viento y desde entonces quedó rengo, de ahí su nombre. Sólo dirigiéndose a él con respeto, hace acto de presencia. Por un litro de lentejas fui contratado para gritar con fuerza y respeto por varias horas, desde un cerro cercano a la trilla: «¡Rengo, reengo, reeengo, reeennngggooo...!». Un poco antes de oscurecer, mi tío Nacho me dio un litro de lentejas y orgulloso, muy orgulloso, llegué a casa con el pago.

Nunca supe si mi tío me ocupó en esto para que no estorbara y mantenerme lejos o si realmente creía la historia del diablo y el viento. Aquel invierno aprendí que si uno cree que el viento llega, ¡llega! Pero lo más importante de todo es que cuando el viento llegue, debe haber lentejas en la trilla.

«CUANDO LA INSPIRACIÓN LLEGUE, NOS DEBE ENCONTRAR TRABAJANDO.»

PABLO PICASSO

LA ALMOHADA

Cuando era niño, el mayor activo del patrimonio familiar eran cuatro vacas, cada una con su propio nombre: la Almohada, la Bonchi, la Tragedia y la Necesidad. Sin embargo, nunca las vimos así, estuvieron muy cerca de ser parte de la familia. Cada una tenía un dueño y protector. La Almohada era de Joel, mi hermano; aunque a todos nos gustaba convivir con los animales, a él le gustaba el doble. Por esa vaca era capaz de cualquier cosa; la quería con toda su alma, su alma de niño. Convivíamos con la Almohada durante todo el año, tanto que estábamos seguros de que nos entendía cuando le hablábamos, establecíamos largas conversaciones con ella.

La Almohada paría todos los años y al final de cada temporada de ordeña vendíamos su becerro para comprar cosas que no había en Zarupa. La vaca aceptaba con resignación esta decisión nuestra: bramaba dos o tres días alrededor del corral buscando a su becerro, luego se iba al barranco, a su querencia, y ahí pasaba el invierno para regresar al año siguiente con su nueva cría.

Así pasaron varios años, y cada día la queríamos más. En la India las vacas son sagradas, yo lo entiendo claramente;

tienen tal ternura en su mirada que uno no escapa de esta sensación de bondad. Pero todo tiene su final.

Un mal día llegó a instalarse cerca de Zarupa un aserradero peregrino que venía a cortar los grandes y hermosos pinos que crecían ahí. Con la compañía maderera llegó la modernidad y mucha gente. Entre ellos, dos personajes de gran influencia en nuestro futuro: un carnicero y el maestro. Por el primero, el futuro de las vacas de Zarupa se ponía en riesgo; por el segundo, todos tendríamos que asistir a la escuela, la cual se fue con el aserradero cuando se acabaron los pinos, y con ello terminó mi primer, efímero y muy corto contacto con la escuela.

Ese año el becerro de la Almohada no fue suficiente, decidieron venderla al carnicero, quien tenía su negocio camino a la escuela, para comprar ropa, lápices, cuadernos y poder asistir dignamente a la escuela. Sería sacrificada por algo que desde nuestro punto de vista no necesitábamos, pues nuestros quehaceres de toda la vida nunca tuvieron nada que ver con la escuela.

Un 17 de octubre vimos por última vez a la Almohada amarrada a un encino en espera de ser sacrificada. Nosotros al pasar la observamos por un momento sin decirnos nada, definitivamente no lo entendíamos. Para matar una vaca en estos ranchos se utiliza un método muy rústico. Los últimos tristes bramidos de un ser que quisimos y nos quiso tanto fueron tan fuertes que se escucharon en todo el pueblo. Se nos desgarró el corazón. Mis hermanos y yo, que nos encontrábamos en el patio de la escuela a la hora del recreo, sin decir nada nos abrazamos y lloramos con todo el dolor del alma.

Aquel día no sólo murió la Almohada, con ella se fueron muchas otras cosas de nuestra niñez: la ilusión de ver llegar las lluvias, ya no buscamos más moras, los columpios se cayeron de los capulines, dejamos de platicar con los animales, nuestros nombres tuvieron apellidos, llegaron las tardes de tareas y tuvo grados el conocimiento. Partió para no volver la inocencia del monte en donde fuimos felices. Una época inolvidable de nuestra vida terminó con aquel inicio de clases. Después de eso, cambiarían muchas cosas más.

LOS DURAMIL

Hasta los ocho años sólo usé huaraches de tres puntadas, nunca pensé que mis primeros zapatos me darían tantas alegrías. Eran unas botitas de hule color verde, que me llegaban dos dedos arriba de los tobillos, marca Duramil. Mi papá los pidió fiados en el pueblo y me los trajo para que asistiera elegante a la boda de mi tío Toño, quien se casaría a finales de junio en el rancho El Guayabito. En mi tierra a las fiestas se asiste con zapatos, sin ellos no se asiste. En un hilo de yute con dos nuditos llevó marcado el largo de mi pie, pero nunca tomó en cuenta el ancho. Si uno sólo usa guaraches, el pie se desparrama, es libre, no tiene frontera; esto no lo tomó en cuenta mi papá.

Unas horas antes de salir a la boda, con gran júbilo me los probé por primera vez. Dos grandes emociones galopaban en mi interior: la primera, estrenar los Duramil, y la segunda, asistir a mi primera fiesta fuera de casa. Pero no todo era camino parejo, serias amenazas rodeaban la escena y yo sabía perfectamente que si fallaba a la primera, no habría la segunda. Los Duramil no se desperdiciarían: si a mí no me quedaban, se los medirían mis hermanos menores, y al que le quedaran, ése iría a la boda. El gasto ya estaba hecho y había que aprovecharlo. Ellos conocían las reglas y me conocían a mí, de ahí sus bien fundadas esperanzas de quitármelos. Me observaban con envidia, estaban dispuestos a cualquier traición o maldad con tal de quitármelos.

Mucho era lo que estaba en juego, así que decidí jugármela. Mi mamá se acercó y me preguntó: «¿Te quedan?». Con tanto que perder, no me quedó alternativa que aceptar de inmediato que me quedaban cómodos, antes de generar cualquier sospecha, pero ella quiso eliminar cualquier duda: «¿Lo juras?». Aseguré bajo palabra de honor que se trataba del número perfecto. A pesar de la insistencia de mi mamá, nunca logró que yo aceptara que me apretaban ligeramente.

Ese *ligeramente* fue aumentando a cada segundo, y poco a poco los Duramil se fueron transformando en tigres enfurecidos. Cuando llegamos a El Guayabito ya no podía ni respirar, sentía cada latido que daba mi corazón dentro de los zapatos. El tocadiscos sonaba tan fuerte que las vibraciones de la música llegaban hasta mis pies como alfileres calientes. Todo parecía normal a mi alrededor. ¿Quién demonios se iba a ocupar de un chamaco al que le apretaban los zapatos?

Una gran lluvia cayó aquella tarde y la tierra roja se volvió lodo resbaloso. Cada paso que daba sentía como si me arrancaran los dedos a jalones. No me podía rajar, ni quejarme; lo había jurado, y el que jura se aguanta. Tampoco se lo podía decir a nadie. Lo único era aguantar hasta morir.

Al caer la noche caminaba como pollo espinado. Seguramente ya me había puesto azul, fue entonces cuando mi papá se dio cuenta de la tragedia que estaba viviendo, se me quedó viendo sorprendido y, entonces, al verme tan maltratado, dijo las palabras más sabias, hermosas, inspiradas, románticas, amorosas y oportunas que le he escuchado en toda mi vida: «¡Quítate esas chingaderas!». Puso las botitas en su lugar y sin piedad les dio *honda pa´ lo oscuro, pa´l basurero*. Verlas volar me dio una de las más gratas alegrías de mi vida. Nunca supe por qué mi mamá dudó de mi palabra de honor, pues había echado en mi morral mis huaraches de tres puntadas. Me los puse y fui el niño más feliz de aquella fiesta.

Por aquellos días el hambre tenía en mí la categoría de *pasión*; todo lo que me dieron me lo comí, a nada le saqué la vuelta. Sin embargo, por primera vez la pérdida de un bien material trajo la felicidad plena a mi existencia, entendí que ese tipo de riqueza sólo es un medio para lograr metas, mas no es el fin, ni siquiera un sueño, sino sólo una ilusión.

En esta época de valores en constante cambio vale más *tener* que *ser*. Entender la riqueza en estos términos y ponerla al centro de nuestra vida nos hace querer acumular porque el placer está en *comprar*, no en *tener*; si fuera al revés, encontraríamos un límite. La satisfacción temporal se acaba cuando el deseo de comprar se cumple y de inmediato genera nuevamente la necesidad, la frustración se acumula, perseguimos lo que no tenemos y entonces perdemos la capacidad de gozar lo que tenemos por añorar lo que no tenemos. No hay límite, es un camino infinito, entre más tenemos más queremos. Y el mercado lo sabe.

Somos infelices porque tenemos razones para ser felices. La felicidad será más duradera si miramos, gozamos y compartimos lo que tenemos, a diferencia de perseguir a cualquier costo lo que el consumismo nos ofrece con la promesa de ser felices. El dinero sólo es dinero: o nos sirve o nosotros le servimos.

El machismo, el alcoholismo, el pistolerismo y los pleitos a mano armada, la desnutrición, la ignorancia, la necesidad, el abandono, la marginación, estaban presentes en la sociedad en la que yo nací. Así era el México donde fui formado y así vivimos por muchos años, alejados de toda civilización. No ambicionábamos más, porque no conocíamos más. Para nosotros, Zarupa era el centro del universo y ahí fuimos inmensamente felices.

LAS
PALOMAS

CAPÍTULO 2

EL PSICODÉLICO

En el otoño de 1968 vivíamos en un rancho de invierno, cuidábamos los becerros, ordeñábamos las vacas, hacíamos pelear a los toros, recogíamos rastrojo, desgranábamos mazorcas, hacíamos leña y buscábamos ocotes para calentarnos con su fuego, actividades propias de la sierra durante esos días del año. Un día que mi papá viajó a Las Palomas a vender queso, durante su estancia en el pueblo se encontró con sus hermanos, quienes le pusieron un ultimátum para que inscribiera a sus hijos a la escuela.

Mi mamá había enseñado a leer y a escribir a sus primeros siete hijos. En breves pasajes de la escuela del aserradero habíamos aprendido algo más, sin grados, sin orden, sin continuidad. Eso era suficiente para mi papá hasta ese día.

Ese año cumplí 11; con uno de diferencia hacia abajo venían mis hermanos menores. Poco sabíamos del pueblo de Las Palomas y mucho menos de su escuela. Interesados por el cambio en nuestra vida, todo lo relacionado con ese tema era registrado con mucha atención para su análisis posterior. Nadie se ocupó de darnos una reseña de los cambios y la nueva vida. Mis padres estaban más preocupados por mantener a su familia que por informar a sus hijos de los cambios que vendrían. Iríamos aprendiendo con los días. Captábamos información vaga de escuchar platicar a los mayores: era un pueblo muy grande, había cerca de mil personas, más de seis maestros, la escuela tenía alumnos de primero a sexto de primaria, nos harían exámenes para saber qué sabíamos y así determinar nuestro grado. Todo era expectación, novedad, sorpresa y reto.

Terminamos de enterarnos al llegar al pueblo. La escuela era enorme y el centro de toda actividad social; la población estudiantil era la que más bola hacía. Incluso había niños que sólo iban al pueblo para asistir a la escuela.

Después de hacernos exámenes, mis conocimientos alcanzaron para entrar al salón de cuarto año de primaria. Algunos de mis hermanos menores quedaron en los niveles bajos, mientras los más chiquitos se quedaron en la casa. Casi todos los hermanos terminamos la primaria en ese pueblo y en esa escuela.

Hacía un mes habían comenzado las clases y las tiendas del pueblo se habían quedado sin ropa escolar. Los comerciantes de Las Palomas viajaban hasta la costa sinaloense y se surtían de lo que encontraban en los almacenes de Los Mochis o El Fuerte, muy lejos todavía de las pasarelas de la moda mundial. Llegaban a principios de agosto al pueblo y nosotros aparecimos a finales de octubre. Ya no había de dónde escoger. Sólo quedaba lo que nadie se atrevió a ponerse.

Para entonces finalizaba la década de los años sesenta y en las grandes ciudades aparecía una corriente musical llamada psicodélica. Paralelamente, los músicos, los hippies y los jóvenes que protestaban contra la guerra y los uniformes militares grises, serios, opacos, impusieron de moda la ropa de colores vivos contrastantes, amarillo, rojo, verde, azul; de corte moderno, muy moderno, acampanados, a la cadera, totalmente diferentes a lo acostumbrado en la región. Sólo ese tipo de pantalones quedaban en las tiendas del pueblo.

Había en la escuela jóvenes cursando grados superiores al mío. Eran más grandes, más adaptados, más populares, con más autoridad y mayor liderazgo. No tardaron mucho en darse cuenta de mi presencia. El desajuste de mis pantalones con la moda conservadora de la región hizo que me llamaran «el Psicodélico». El apodo iba seguido de una fuerte carcajada y la aprobación burlona de los demás. «Qué onda, Psicodélico, ¿dónde te compraron esos pantalones? ¿Quién te los regaló? Si algún día decides venderlos, ¡ya sabes, aquí espero!»

Al principio no opuse mucha resistencia ni le di importancia, pues sabía que tenía que ver con mis pantalones. Aunque no lo acepté con gusto, las condiciones no daban para ofenderse demasiado. Después de todo acababa de llegar y estaba adaptándome, era estudiante de cuarto año, con poca influencia y cero liderazgo en el grupo.

Lo grave se presentó una tarde fría, mientras mi papá y yo juntábamos leña en el quemadero. De entre los desperdicios de madera y aserrín apareció un grupo de chamacos —el Pajoso, el Coruco, la Estopa, la Vieja, el Sibóle— y su líder, el Sanmartín, quien llevaba este sobrenombre por su parecido a San Martín de Porres, el patrono de la iglesia del pueblo; un chamaco que podríamos definir como brillante para sacar de quicio a cualquiera. En cualquier discusión siempre salía airoso, ocupaba todo su ingenio para hacer sentir mal a los demás y conmigo realmente se inspiraba. Le acomodaba mi personalidad para hacer lucir su chispa espontánea y su graciosa, observadora creatividad y su enorme imaginación. No podía ni siquiera intentar contrarrestar el caudal de burlas, sólo me quedaba *aguantar vara*.

Comenzaron a gritarme frente a mi padre: «¡Ese Psicodélico! ¿En dónde compraste tus pantalones? ¿O te los regalaron? ¿Qué no había para hombres? ¿Has pensado en venderlos? Te doy un bulto de leña por ellos, ¡para echarlos a la lumbre!». Durante las burlas permanecí tranquilo, con una sonrisa forzada, como diciéndole a mi papá *esto no sucede todos los días*. Mientras tanto, mi papá observaba los dos frentes.

Cuando por fin se callaron y se fueron, preguntó si sabía lo que quería decir psicodélico. Definitivamente no tenía idea. «Burlarse de los pantalones de un hombre es muy delicado —me dijo—. La burla va mucho más allá del color. Tienes que poner orden y rápido, antes de que se te quede ese apodo. ¡Defiéndete! Esto no puede quedar así».

«POR LA LIBERTAD, ASÍ COMO POR LA HONRA, SE PUEDE Y DEBE AVENTURAR HASTA LA VIDA.»

MIGUEL DE CERVANTES SAAVEDRA

Aquella recomendación tuvo sus consecuencias de inmediato. Con el paso del tiempo el apodo me empezó a sonar más fuerte. El único camino para arreglar una ofensa de esa magnitud era a cachetadas, así que los pleitos pasaron a ser cosa de todos los días. No dejaba pasar ningún llamado; sólo escuchar la palabra *psicodélico* era suficiente para pelear. Al finalizar el ciclo escolar, los más grandes se graduaron de la primaria y con eso terminaban su etapa de estudios. Se fueron a trabajar al aserradero, pero ahí empezó un nuevo problema.

El aserradero quedaba justo en el camino de mi casa a la escuela. Al pasar frente a ellos se regocijaban gritándome: «¡Ese Psicodélico! No te hagas pendejo, huevón, vente a trabajar. Ya estás muy viejo pa la escuela». Si antes le seguían las risas de los niños de la escuela, ahora estallaban fuertes carcajadas de los trabajadores de la compañía. Sabían lo mucho que me molestaba. La gracia la veían en mi rabieta. Pero no podía pelear con ellos, estaban fuera de mi área de control.

Durante la última temporada de clases, ya con 15 años, todos los de la escuela me respetaban y se referían a mí por mi nombre. Nadie frente o cerca de mí se atrevía a mencionar el peligroso y legendario apodo.

A esa edad empezaron a interesarme más las muchachas que las canicas, muchachas jovencitas que ya habían terminado la escuela y trabajaban en el aserradero, otras que deambulaban por el pueblo y se reunían durante los bailes o alrededor de la escuela los domingos. Eran menores que yo, pero ya trabajaban y buscaban novio; en cambio, yo seguía en la primaria. Me perseguía el temor de que al salir de la escuela ya no hubiera ninguna muchacha en el pueblo o que envejecieran. Era demasiada la espera.

Muchas de mis pesadillas de esa temporada se ubicaban en ese trecho del camino de mi casa a la escuela. Durante noches de terror soñaba que las muchachas se confabulaban con el Sanmartín para burlarse de mí. Aparecían en mis pesadillas sobre el techo del enorme tejabán del aserradero empanizadas de aserrín, en harapos, viejas, flacas, con cabello entrecano, con la cara larga y gritándome con voz llorona: «¡Psiiicooodéééliiiicooo huevóóón! No te hagas pendejo, deja la escuela y ponte a trabajar».

El día que terminé la escuela primaria fue uno de los más felices de mi vida. Nada tenía que ver con mis conocimientos, simplemente no volver a pasar por el aserradero con rumbo a la escuela me llenaba de felicidad. Entregar el certificado a mis padres era lo único que me interesaba y a lo único que me había comprometido. No pensaba pararme en un salón de clases el resto de mi vida. Terminé la primaria aterrorizado.

Los días fueron pasando y amontonándose en meses; los meses, uno arriba del otro, se convirtieron en años; los años arremolinados formaron décadas; las décadas como lozas de concreto fueron cayendo sobre mis hombros hasta completar más de cinco. Esta historia de *terrorismo* psicológico ocurrió en un lugar lejano y hace tanto tiempo que nadie sabía que esto sería un problema, mucho menos un mal social.

La adolescencia es esa maravillosa edad cuando cosechamos frutos de árboles que todavía no plantamos. Ahí se forjaron mis aspiraciones, ahí definí mucho de lo que sería. Coloca los sueños en el futuro y encárgate de sortear los obstáculos para llegar a ellos. Eso te permite romper paradigmas.

Pero ¿qué perfil tienen las personas que logran estos cambios? Sin duda serán muchos los factores y la combinación de circunstancias, pero creo que los muy inteligentes descubren nuevas formas de hacer las cosas, los que llegan de sociedades diferentes conocen otras formas de vivir. En mi caso, revolucioné la moda del pueblo porque no había ropa en las tiendas, lo tuve que hacer forzado por las circunstancias, por necesidad, no había de otra, sin saber que en los próximos años rompería muchas barreras sociales de la misma manera.

LA ABURRIDA TIENDA

Al llegar al pueblo de Las Palomas mis tíos le fiaron a mi papá una tienda. Dejamos Corralitos para instalarnos en el pueblo, íbamos por un corto tiempo, pero nunca más regresamos.

Esto puso fin a otra etapa en nuestra vida y dio inicio a la última que viví en la sierra.

Mi papá se hizo cargo de la tienda con muchas ilusiones, poca experiencia y ni pringa de vocación. Después de asistir a la escuela yo lo ayudaba. Dos años más tarde, cuando terminé la primaria a los 15 años, me ocupé por completo en la tienda. En el organigrama, yo era el subgerente, el segundo de mi papá, su brazo fuerte, pero, en honor a la verdad, la que realmente trabajaba era mi mamá, quien también atendía a mis hermanos menores.

Abríamos la tienda a las ocho de la mañana y la cerrábamos a las diez de la noche. Nunca he vuelto a desempeñar oficio más aburrido y tedioso en mi vida. Algunos decían que yo cobraba *sueldo de hijo*, otros aseguraban que él trabajaba *de papá*; lo cierto es que formábamos un equipo muy dinámico.

Por la noche, al pasar el candado, inmediatamente emprendía un peregrinar por los lugares interesantes y misteriosos del pueblo maderero: el cine de los chinos, el quemadero, las canchas de básquet, los bailes de fines de semana.

Estoy seguro de que mi papá en condiciones propicias hubiese sido un gran artista, poeta, político, militar, incluso psicólogo o cura, pero nunca comerciante, agiotista, abarrotero o cualquier cosa que lo ponga quieto en un solo lugar; menos aún detrás de un mostrador cuidando los centavos. Estos oficios son los que más se alejan de su perfil y personalidad aventurera, bohemia, romántica, con un desprendimiento absoluto por el dinero y un terror a la rutina.

Sin embargo, el destino no se ocupa de hacer examen de perfil de puestos y jugó sus cartas para que un día mi papá intentara ganarse la vida contando naranjas para fiarlas a largo plazo en un mercado saturado de auténticos comerciantes dispuestos a defender hasta con su propio pellejo el destino de sus negocios.

En cambio, tenía muy bien cimentada su filosofía en cuanto al dinero: nunca estuvo dispuesto a hacer grandes sacrificios por obtenerlo, encarar con energía a un cliente de la tienda para cobrarle nunca se le dio. ¿Negar un crédito a un viejo conocido? ¡Jamás! «El dinero se consigue con dolor, se conserva con sangre y se pierde con lágrimas», «Es como el guano amontonado, todo junto hace daño, hay que desparramarlo», «Es triste perder la vida haciendo sólo dinero», eran frases que repetía constantemente. En consecuencia, nunca tuvo dinero; tampoco el dinero tuvo a mi papá.

Administrábamos tan mal la tienda, pero tan mal, que sucedió lo inevitable: *tronamos como ejotes*. Pero quebrar no fue el problema, le seguimos entrando quebrados. Esto, aunado a otros acontecimientos de mi tierra, nos ocasionó graves y trascendentales consecuencias.

La compañía maderera tenía poco más de quinientos trabajadores. Les pagaba cada diez días con vales que nosotros cambiábamos por mercancía. Gran jolgorio eran los días de raya. Semanas más tarde presentábamos esos vales a la empresa y recibíamos el pago por el total del valor acumulado.

Para surtir nuestra tienda traíamos mercancía de Sinaloa, el único lugar comunicado por rústicas brechas a más de 15 horas de camino de Las Palomas. Grandes almacenes de la costa sinaloense nos daban crédito para posteriormente nosotros hacer lo mismo con los trabajadores del aserradero. Vendíamos desde una sardina enlatada hasta llantas viejas para huaraches de tres puntadas.

Pero en el pueblo había otras tiendas; la competencia era dura. Había que disputarse a los clientes con precio, crédito, atención y calidad. Tantas y tan desordenadas ofertas generaron entre los habitantes la contagiosa cultura del *no pago*, de manera tal que cada día nuestra cartera era más grande, pero la cartera más vacía; debíamos más, teníamos menos.

Otro segmento de mercado dio aparente solución al destino de nuestra tienda. Los rancheros de la región preferían tratar con mi papá por ser también campesino y conocerlo de muchos años. Pero en realidad no sé si le hacían un favor o un daño, pues pedían y les dábamos mercancía fiada con plazos hasta de un año. Los pagos muchas veces eran con productos del campo, quesos, naranjas, frijol o maíz, lo que había que fiar de nuevo a la gente del pueblo, alargando más la recuperación del dinero.

Cuando algún ranchero proponía el pago con ganado, hacíamos el viaje hasta el rancho de cualquiera de ellos y realizábamos el trato. Esto era lo único que a mí me gustaba de la tienda. Viajar a caballo por los ranchos. Ésa también fue una de las razones por las que conocí casi toda la región y su gente. Largas pláticas teníamos durante las noches de estancia en sus casas. Conocí la vida y obra de muchos de ellos, a quienes estimé y me estimaron. Heredé de mi padre el gusto por conversar. Dentro de esas casas oscuras construidas con morillos de pino, adobes, palma, tableta y pisos de tierra, desparramadas por la sierra, hay muchas historias que escuchar.

Así pasaron algunos años: la tienda cada vez peor. Importantes cambios terminaron definitivamente con nuestra tienda y nos alejaron para siempre de la sierra. Los efectos de una maligna fuerza gestada muy lejos no me dejaron al margen de los acontecimientos.

TOPOLOBAMPO
CAPÍTULO 3

A finales de los años sesenta empezó la siembra de marihuana y amapola en la sierra de Chihuahua por los campesinos más arrojados y aquéllos que ya tenían problemas con el gobierno. Pero antes, mucho antes de que esta siembra ilegal se propagara, en la sierra ya existía delincuencia, muertes violentas, un clima de venganzas. Las pistolas fueron y siguen siendo parte de la vida diaria de esta tierra: se requiere un arma de fuego para la caza; durante la Revolución las pistolas estuvieron presentes, la repartición de tierras se hizo siempre con un rifle al lado; si a un campesino le matan a un hermano o le roban a su hija, lo arregla a su manera, pistola en mano. Esperar el peso de la ley resulta complicado y tiene muy pocas probabilidades de que se aplique en una zona tan remota como la sierra de Chihuahua. Muchas leyes fueron redactadas para centros urbanos y poco entienden de estas lejanas e inaccesibles montañas.

La marihuana y la amapola también existían en la sierra antes de que a alguien le interesara hacer negocio o consumirlas. La primera era una planta medicinal para curar las reumas y la segunda era una flor de ornato que crecía de manera silvestre dentro de cultivos de maíz o frijol; sólo servía para inspiración de los poetas por ser una flor muy bella.

No tardó mucho para que desde muy lejos se fraguara una guerra en la región, cuando lo único que necesitaba mi tierra era una guerra contra el hambre, la ignorancia y el abandono que vivimos durante décadas. La Operación Cóndor más bien debió llamarse Operación Tortilla o Frijoles: en lugar de llevar armas, debió llevar comida, libros y medicinas en vez de pólvora, maestros por soldados, escuelas por campamentos militares, construir vías de comunicación en lugar de destruirlas.

El gobierno, a través del ejército, trató de detener el problema en sus inicios con propaganda alusiva a la siembra que decía: «Campesino, no siembres ni coseches marihuana o amapola, tus hijos te lo agradecerán». El diseño tenía una calavera cruzada por una jeringa y un cigarro. Esta propaganda fue colocada en lugares concurridos y visibles, en las comisarías, carreteras, comercios; en nuestra tienda pusieron algunas. Muchos años tendrían que pasar para darnos cuenta de cuánta razón tenía el ejército.

Pero una cosa era estar conscientes y otra lo que en realidad estaba pasando. Muchos de los clientes de mi papá terminaron sembrando marihuana y nosotros les fiábamos. Los campesinos que no estaban de acuerdo con la siembra de enervantes poco a poco se fueron a otros lugares y abandonaron la sierra.

Nunca se ha combatido el cultivo de amapola y marihuana en esta región del país como lo hiciera el gobierno de aquella época. Tapizaron la sierra de soldados, helicópteros y agentes federales. Muchas de las pistas de aterrizaje de las cuales despegaban las avionetas de los estadounidenses cargadas de enervantes fueron destruidas por el ejército, pero también constituían uno de los pocos medios de transporte y comunicación de la región, lo que la dejó aún más incomunicada. Al destruir las pocas alternativas de desarrollo, una crisis económica se apoderó de la región y comenzó a escasear hasta lo más elemental: comida y medicinas.

La única consigna era acabar con las siembras y los sembradores de estupefacientes, costara lo que costara. El objetivo estaba claro, los medios eran lo de menos; los derechos humanos les valieron un verdadero comino. Cometieron más atropellos en estas tierras que los chinos en su invasión al Tíbet o el gobierno de Pinochet en Chile. Esto suele suceder cuando los objetivos están por encima de las personas; las personas deberían ser siempre el fin.

A principios de abril de 1974 hice un viaje de Las Palomas a El Potrero para recoger una vaca por el pago de una deuda de la tienda. Pero en esta ocasión me fue peor: al llegar fui interceptado por un pequeño grupo de soldados al mando de un agente federal que buscaba a mi papá, acusándolo de habilitar y controlar sembradores en toda la sierra. Al no encontrarlo, muy enojados, me aplicaron todos los cargos a mí. Yo acababa de cumplir 16 años, pensé que no sería grave, que era cuestión de aclarar las cosas. Todo el pueblo me conocía, tenía muchos parientes y amigos. A cualquiera que le preguntaran diría quién era yo, pero no fue así.

El agente federal que me apresó tenía varios meses en El Potrero. La mayor parte del tiempo la pasaba borracho, pues aseguraba que sólo así se podía aguantar en un lugar tan alejado de la civilización. Para él yo representaba un viaje seguro a la ciudad, pero, además, una muestra clara de que estaba trabajando arduamente en el combate a las drogas. En el pueblo era tratado con temor por su alto cargo. Tal era el miedo que muy pocos preguntaron por mi destino. Sólo mi abuelo y algunos amigos, muy amigos, corrieron el riesgo.

Me pusieron unas ajustadas esposas de acero, me amarraron con cuerdas y me encerraron en un cuarto que hacía las funciones de cárcel. En ese oscuro lugar pasé una noche terrible y, sin embargo, faltaban cosas peores. Aquel día inició una de las pruebas más duras que la vida me ha puesto enfrente y que provocaría un gran dolor a mis padres y a las personas que me querían.

Al día siguiente la acusación era mucho más grave: la camioneta estaba cubierta de semillas de marihuana. Fui torturado por varias horas, durante varios días y con distintos métodos. Algunos daños quedaron en mí para siempre y aún me siguen dando lata. Otros poco a poco se fueron quedando atrás, sólo de repente vuelven a mi mente aquellos hechos aterradores.

Cuando declaré lo que les gustó, con amenazas y bajo una pavorosa psicosis ocasionada por tanto tiempo de tortura, tuve que comprometerme a sostener lo dicho y confirmarlo ante cualquier autoridad. No fue así: cuando estuve ante un juez dije la verdad, pero fue inútil. Como el más peligroso de los criminales, me trasladaron atado de pies y manos, tirado en la caja de mi camioneta a una base militar en el pueblo de Choix, Sinaloa.

Después de varios días fui consignado a la penitenciaría de Los Mochis, Sinaloa, la cárcel en donde estuve recluido por dos años, lo más parecido al infierno que haya visto sobre la tierra. Ingresé 12 días después de mi aprehensión el 19 de abril de 1974 como a las tres de la tarde.

LOS HIJOS DE FRANCIA

Llegué a esa prisión junto con otros cinco campesinos, la mayoría en condiciones precarias; pobres, mal comidos, mal vestidos, tres de ellos eran de la sierra nayarita, no sabían leer ni escribir, iban vestidos de manta blanca y huaraches. Sólo con mirar su ropa se sabía la pobreza en la que vivían. Presentaban claras evidencias de tortura, tenían semanas detenidos, el miedo y la incertidumbre eran lo único que reflejaba su rostro. Uno de ellos, Matilde, se acercó a mí de inmediato y con los días descubrimos que teníamos muchas cosas en común. Con el tiempo hicimos una gran amistad durante toda mi estancia en la prisión y nos defendimos de las amenazas que ahí abundan.

Desde que llegamos supe que el servicio no iba a ser de primera clase. Era una prisión vieja, incluso para la época, abrumadoramente sobrepoblada. Apenas sonó la reja en nuestras espaldas aparecieron delincuentes urbanos a darnos la bienvenida, pandilleros que habían pasado la mayor parte de su vida encerrados. Nos veían como lo que éramos, campesinos asustados. Nos quitaron lo que traíamos y en ese preciso momento inició un proceso de adaptación a la verdadera delincuencia que en ese lugar se vivía.

A partir de ese instante el tiempo tomó otra dimensión. Los días se hicieron eternos, pensar en años en ese lugar era un escenario que seguramente no soportaríamos en ese momento. Las noches eran de terror, sobre todo después de los días de visita, cuando la droga abundaba, pues los pleitos y asaltos casi siempre terminaban en golpes y puñaladas, si había suerte. Otras veces terminaban con algún interno o varios muertos. La policía aparecía hasta por la mañana, la muerte en ese lugar no merecía su desvelo. Incluso el control interno desataba los pleitos más sanguinarios, pues sucedían cosas tan escalofriantes dentro de esa prisión sinaloense, que parecía un plan del gobierno para transformarnos en verdaderos delincuentes y que acabáramos unos con otros.

Con el transcurrir del tiempo, la vida dejaba de tener valor, muchos de los delincuentes urbanos ya habían perdido todo, los llamaban hijos de Francia, porque no tenían familia.

Algunos llevaban décadas ahí y no tenían intención de dejar ese lugar ni las acciones que los mantenían dentro; tenían bien definida su vida dentro del crimen. A menudo, cuando soñaba con la libertad, contemplar la posibilidad de encontrarme con un hijo de Francia me horrorizaba.

Los días no pasaban, se arrastraban con lentitud, pero finalmente, el primer año se cumplió. Poco a poco me fui sintiendo parte de ese medio, después de vagar meses por todos lados durmiendo en el piso de cemento. Terminé administrando una litera del segundo piso de la crujía B —las crujías son una serie de celdas agrupadas en torno a un pasillo—. Aprendí a quién dirigirle la palabra, en quién confiar y de quién mantenerme lo más lejos posible. Seguí y respeté las reglas no escritas pero válidas de ese lugar: no reportar nada a la dirección, odiar a los *cuicos*, compartir la comida y en algunos casos negociarla, cambiar un tomate por cualquier cosa que combinara con la *yegua* —comida que reprocesábamos en pequeñas estufas eléctricas. A esa edad eres como una esponja y absorbes todo lo que te rodea.

EL PASTEL

En el aserradero de Las Palomas se quemaba la madera de deshecho en lo que se conocía como el quemadero. Uno de mis hermanos menores jugaba por ahí con sus amigos cuando cruzó el quemadero confiando en que estaría ya apagado, ya que sólo quedaban cenizas, pero abajo estaban ocultas las brasas vivas, así que se hundió en ellas. Cuando logró salir tenía las piernas cubiertas de quemaduras graves.

Mi mamá, sin dinero y dejando a sus hijos solos, salió a la carretera a pedir un *raite* a la ciudad para curar a su hijo. Un chofer maderero se compadeció de ella y le abrió un espacio arriba de la carga. Así viajó durante muchas horas hasta Los Mochis.

Aquel domingo no sólo era día de visitas, sino que también era mi cumpleaños. Así que mi mamá aprovechó el viaje una vez atendido mi hermano para visitarme. Ya en la ciudad, a mi mamá se le ocurrió comprar un pastel para la visita. Pero a la cárcel no puedes llevar prácticamente nada; los guardias le desbarataron el pastel buscando artículos ocultos; así llegó conmigo.

Cuando trato de definir el extremo de adversidad de mi vida, simplemente pienso en este momento, una escena que dobla a cualquiera: mi mamá bajó de la sierra de aventón, con mi hermano quemado en brazos, el pastel desbaratado y yo en la cárcel sin poder hacer nada. Nada en la vida de un hombre o mujer es más satisfactorio que ver a sus hijos libres, autónomos y felices. Esto no estaba ante los ojos de mi mamá. Ah, ¡cómo sufrió!

La cárcel, mi cumpleaños, mi hermano enfermo, mi mamá sin dinero, el pastel, representaban a dónde había llegado mi vida, estaba obligado a reflexionar sobre mis decisiones para elegir otro destino.

LA SERENATA

Un día de agosto, como muchos otros días, platicábamos para acortar la noche y esperar que el calor cediera un poco para poder dormir, cuando de pronto, con una espectacular manifestación de fuerza, apareció ante nuestros ojos lo que supuse sería toda la policía judicial del municipio de Ahome. Pronto supimos que se trataba de un intento de fuga de nuestra propia crujía. En la parte más oscura de los baños alguien había intentado sin éxito cortar durante días alguna de las rejas que daban al patio, lejos todavía de la calle. No hubo muchas investigaciones, tampoco dudas de lo que había que hacer y terminaron con nuestra incertidumbre rápidamente: un personaje que no conocíamos con una clara formación militar dijo con voz fuerte: «¡Todos a las bartolinas!».

Era lo peor que podía pasarnos aquella noche de intenso calor. En esa región del mundo, especialmente a esas alturas del año, la temperatura alcanza niveles tan elevados que sólo por la madrugada se puede dormir un poco. Una noche de bartolinas sería la muerte. La situación empeoró cuando supimos que todos los reos de la crujía B seríamos encerrados.

Las bartolinas eran la cárcel dentro de la cárcel: cuatro cajones de lámina negra de no más de dos por dos metros, piso de cemento, un hoyo en el piso como baño, una llave y se acabó. Colocadas a cielo abierto para que les diera el sol todo el día y la temperatura alcanzara tal nivel que el infierno mismo era fresco. Eran celdas de castigo para controlar y sancionar a los reos que mataban a alguien dentro de la cárcel, para el que golpeaba un policía, robaba algo de las oficinas o del taller o intentaba fugarse, el calor no era suficiente: con una macana de acero golpeaban la puerta de hierro cada media hora para que no durmiera y le quedara claro quién mandaba en ese lugar. A este ritual le llamaban irónicamente la *serenata*. El calor, la soledad y los ruidos estremecedores dejaban a los castigados flacos, pálidos, como sonámbulos por varios días. Estoy seguro de que su inventario de neuronas se veía bastante disminuido después de ese tormento.

Un reo por celda en las bartolinas era lo común; nunca desde que llegué a ese lugar el número de castigados fue mayor al número de celdas, pero aquella noche las cosas cambiaron. Todos los huéspedes de la crujía B, que rebasábamos abrumadoramente la capacidad de hospedaje de los cuatro cajones, fuimos retacados como sardinas: más de siete por bartolina. Algunos empezaron a retener el agua que escurría del mingitorio para aliviar el calor y mantener el cuerpo ligeramente fresco. Nos preguntábamos cuánto tiempo nos dejarían ahí o cuánto aguantaríamos, cuando se escuchó la voz del oficial al mando, quien con energía ordenó: «¡Denles serenata!».

¡Zaaazzz...! Retumbó en mis oídos un ruido que no parecía un macanazo a la puerta. Era como un golpe directo a la cabeza que dejaba un zumbidito que duraba por varios minutos y disminuía poco a poco hasta terminar súbitamente, y así continuó la serenata por horas.

Me acomodé en una esquina con las piernas recogidas, sentado sobre el agua sucia acumulada en el piso, y me concentré en conservar la calma. Así permanecí la mayor parte de la noche. El olor que al principio era insoportable, putrefacto, poco a poco se volvió secundario. Con el paso del tiempo ya no lo percibía. Entre cada nota de la estruendosa serenata se oía a algunos reos decir: «Nos estamos llenando de sarpullido». «Fue el Samy quien limó las rejas, se lo llevaron a los juzgados». «Ya se desmayó Justino». «¿Qué les pasa, pinches cuicos? ¿Están locos? ¿Nos quieren matar a todos?».

Empecé a sentir el sarpullido en mi piel. Tenía miedo, sed, más miedo. Sentía que me alejaba de ese lugar, el ruido lo escuchaba cada vez más lejos hasta que me fui... iba caminando libre al lado de mis primos. Íbamos a juntar limas y guayabas al Saucito, a comer todas las que el cuerpo aguantara y llenar los costales de manta para subirlas cargando toda la cuesta. A cada paso pesaban más, pero de todas maneras llenábamos los costales, comíamos más limas durante el camino para alivianar la carga, hasta llegar a la casa...

¡Zaaazzz...! Cuando mis hermanos y yo sabaneábamos las chivas rumbo al Cerro Pelón para que no se comieran la avena verde del llano de Buenavista, una vez seguros de que las chivas tomaron rumbo, nos fuimos a hacer vaquitas de barro al Rincón del Ballado, muchos ranchos teníamos formados cuando sonó el cencerro de las chivas en medio sembradío, esa noche dormimos en el tapanco castigados y sin

cenar. ¡Zaaazzz...! ¿Acaso somos tan malos para merecer esto? No hay gente mala, hay sistemas malos. Los campesinos somos personas normales, seres humanos reactivos a lo que nos influye, nuestra economía de autoconsumo se sostiene con un hilo muy delgado, cualquier oferta externa lo rompe. Nosotros no hicimos la guerra; fueron gobiernos e intereses lejanos a nosotros los que la provocaron. En nuestro país la desnutrición es mucho más grave que el consumo de drogas; mueren más niños de hambre que jóvenes drogadictos. Un niño que padece desnutrición a los tres años condiciona el resto de su vida. Se canalizan menos recursos al combate de la desnutrición que al combate al narcotráfico. Mueren muchos más hombres por alcoholismo que por el consumo de drogas duras. La violencia generada en el mundo de las drogas mata más hombres que la droga misma.

¡Zaaazzz...! Aquellas tardes de agosto recorríamos los llanos verdes de Santa Cruz plagados de frescos aromas de las azucenas, limoncillo y yerbaniz. Buscábamos las vacas que después de las lluvias salían a retozar a los claros con sus crías recién nacidas. Las llevábamos al corral, las separábamos de los becerros y las ordeñábamos por la mañana. ¡Qué días!

¡Zaaazzz...! Dejen crecer el negocio de las drogas y se convertirá en un tigre lazado de una pata, se nos echará encima y ponerlo quieto costará más de lo que imaginamos. Será la economía informal más grande del mundo, con un poder que no podrán controlar, capaz de corromper el poder político de muchos países, acabará con los valores y con la estructura de cualquier sociedad. El abundante dinero generado por este negocio tendrá un enorme poder de convencimiento y muy pocos se le resistirán. Los políticos no escaparán a la tentación de la riqueza fácil. La capacidad del gobierno para solucionar el problema será inferior al poder del dinero sucio para generarlo y pondrá en riesgo muchos pilares importantes de nuestro país: la familia, las tradiciones, la fe, la seguridad social, la paz. Las grandes ciudades mexicanas serán amenazadas, se convertirán en campos de batalla disputando el control de los mercados, hasta la seguridad nacional se pondrá en riesgo. *El dinero que no se obtiene con calidad de trabajo no puede dar calidad de vida.* Hay que acabar con lo que originó esta guerra a como dé lugar.

¡Zaaazzz...! Los sábados o viernes por la tarde, cuando en el centro de Las Palomas nos juntábamos un grupo de adolescentes a organizar un baile, repartíamos los gastos y quehaceres: uno pone las pilas para el tocadiscos, otro habla con el dueño del puesto, tú invitas a las muchachas, ustedes sacan y pagan el permiso con el comisario. Una vez asignadas las tareas, la tarde tomaba otra tonalidad, la espera del baile aceleraba el corazón y daba rienda suelta a las expectativas del amor. ¿Bailará conmigo? ¿Me dará el sí? ¿Sabré lo que es un beso? ¿Me dirá que me quiere? Era tanta la emoción que pareciera que durante el baile se definiría por completo el destino de nuestras vidas.

¡Zaaazzz...! ¿Es éste el camino para terminar con la plaga que invadió mi tierra? Hace años que se empezó a sembrar marihuana y amapola y cada día se siembra más, qué rara manera de combatirla. Cada día se dan de alta más soldados, se compran más helicópteros, se agrandan las cárceles, se aumenta el presupuesto y el problema crece y crece. Cuando se sigue haciendo lo mismo es un absurdo esperar resultados diferentes. El precio de la marihuana y la amapola es totalmente ficticio y únicamente responde a su prohibición; de no perseguirse

sería tan barata como cualquier otra planta como el ta-
baco, el amaranto, el chicle o el café; y se acabaría con
la clandestinidad. ¿Por qué no despenalizan el cultivo
de estas plantas? Durante distintas etapas de la historia
se ha prohibido tomar vino, expresarse libremente, leer
ciertas lecturas, preferencias sexuales, algunas religiones
o credos, y filiaciones políticas; todas las prohibiciones
con el tiempo fracasan. Sí, el negocio tiene otros niveles
y otras serán las soluciones, pero ésas no las conozco.

¡Zaaazzz...! ¡Qué lejos quedaron aquellas tardes
cuando jugábamos beisbol en los llanos del bosque,
cuando yo estaba enamorado de la Lety y también de
la Nubia Martí! ¿Dónde estarán? ¿Por cuáles sende-
ros las habrá llevado el destino? Eran hermosas, muy
hermosas. ¿Y la Imelda? También. Qué poco espacio
queda en mi mente para pensar en el amor. El calor es
muy fuerte, tengo sed, creo que comienza a amane-
cer, ya escucho el zenzontle que todos los días canta
en los álamos que crecen junto a los canales de riego
fuera de aquí.

¡Zaaazzz...! El gobierno de Estados Unidos es protagonista en esta lucha con sus propias leyes, a una distancia
por ellos determinada. El mundo entero sabe que ellos
tienen intereses, no amigos; que nosotros terminemos
de vuelta arriba de los árboles no le importa gran cosa.
En cambio, para México esta lucha es de vida o muerte:
o se replantea o se corre el riesgo de sumirse en la gue-
rrilla, la pobreza y la corrupción. No tenemos las mismas
condiciones económicas, tecnológicas o sociales. Un
millón de dólares genera efectos de proporciones diferentes en Ciudad Juárez que en Filadelfia, ciudades con
la misma cantidad de habitantes.

¡Zaaazzz...! ¿Quién ganará esta guerra? ¿Se podrá
ganar? Es una guerra entre mexicanos, ¿valdrá la pena

meterlos a todos a la cárcel? Pero ya no cabemos, ¿dónde nos meterán? ¿Cuánto costará a la sociedad cada recluido? ¿Por qué los presos no trabajan? Se trata de que no delincan, no de que no produzcan. En la casa donde vive el ocio pone su oficina el diablo.

¡Zaaazzz...! La historia de la humanidad en muchos casos sólo demuestra las barbaridades, locuras, crímenes, errores, guerras... Guerras para imponer a Dios, para mantener al hombre en la esclavitud, para desaparecer una raza o etnia. Guerras por el control de mares, tierras, espacios, mercados, pasteles y, por supuesto, dinero, petróleo, diamantes... Son de lo más absurdo y con el paso del tiempo queda claro que se pudieron haber evitado.

¡Zaaazzz...! La historia se repite y se repite, la historia no es tan útil por lo que nos dice del pasado, sino por lo que nos deja entrever del futuro. Y aunque lo único constante en ella ha sido el cambio, creo que falta la revolución más importante: la humanista. Tendrá que realizarla la sociedad organizada pacíficamente —porque si no es así, no será ni revolución, ni evolución, ni humanista— y teniendo como eje la libertad responsable que permita la convivencia en armonía con la naturaleza, con los animales, pero, sobre todo, con los hombres.

No es posible que hasta el día de hoy el peor enemigo de la naturaleza y del hombre sea el hombre mismo. Las armas, la violencia, las drogas, el encierro no hacen a los hombres ni libres ni responsables. No hay gobierno, organización, individuo o empresa que pueda evitar que yo coma pasto, desayune gasolina, mutile mi cuerpo o cambie mi manera de pensar, es mi libre responsabilidad la que me lleva a respetarme y después respetar a los demás. Tampoco sé cuánto falta, cuándo sucederá, pero sí sé que cuando ocurra verán esta guerra que me tiene aquí hecho bola sobre el piso, desesperado, lleno de sarpullido, con sed, a punto de que me doble el calor, como una guerra que se pudo evitar.

¡Zaaazzz...! El ruiseñor no anida en la jaula para que la esclavitud no sea el destino de su cría. Pienso en mi familia, un trabajo, una novia, quizá mi propia familia. ¿Cómo lograré integrarme a una vida pacífica? ¿Quién me ayudará? ¿Podré ponerle orden a mi vida? ¿A dónde conduce este camino? Siempre a donde mismo: cárcel, desbarata familias, te lleva a la soledad, drogadicción, muerte, venganzas y rencores. Los rencores fomentados casi atrapan mi corazón. La adrenalina que ha fluido por mis venas durante los últimos meses ha sido tanta que no sé cómo frenar esta inercia. Me comporto como preso, pienso como preso, soy un preso... Esta guerra me ha arrastrado.

¡Zaaazzz...! A los jóvenes de estas montañas que quieran escapar de este maleficio que se apoderó de mi tierra, existen caminos distintos a los trazados por algunas familias. Honren a sus padres, pero no sigan su ejemplo.

Pero antes necesito que se acabe la serenata para poder pensar clarito, luego volver a la cárcel normal, después quedar libre... Entonces juntaré con fe los pedacitos de esperanza que me queden, los armaré y lucharé por un destino diferente.

¡Zaaazzz...!

> **«AL HOMBRE SE LE PUEDE ARREBATAR TODO SALVO UNA COSA: LA ÚLTIMA DE LAS LIBERTADES HUMANAS, LA ELECCIÓN DE LA ACTITUD PERSONAL.»**
>
> **VIKTOR FRANKL**

Durante mi estancia en la prisión aprendí a trabajar la madera, a hacer pan, tejer tarrayas para pescar, leí todos los libros que me llevaron y enseñé a leer a Matilde. Hubo cosas que las rejas no tocaron: mi formación, el cariño familiar, mi libertad para soñar, mis recuerdos, mi amor por la vida, mi esperanza de un futuro mejor. Lo que sí tocaron las rejas les pertenecía a las rejas; ahí lo dejé el día que salí.

EL HIJO DE LAS MONTAÑAS

Ya procesado, lo primero que se acabó fue el dinero en el pago de abogados, así que poco a poco las esperanzas de salir pronto fueron también desapareciendo. Lo que más me afectó fue la incertidumbre porque no sabía qué día iba a salir, no había sentencia, el juicio estaba trabado.

Cuando parecía que llegaría un fallo desfavorable, un abogado le dijo a mi mamá: «¡Pero si cuando lo aprehendieron su chamaco era menor de edad! Presente el acta de nacimiento y sale». Así lo hizo y quedé libre. Por ser menor de edad, por más de un año tuve que mandar una carta cada quince días diciendo en dónde estaba y qué hacía, sólo regresé un par de veces a llevarle dinero a mi amigo Matilde. De acuerdo con la Constitución, pasé casi dos años preso ilegal e injustificadamente.

La región donde nací pagó un precio muy alto por su desarrollo, llevando a muchos campesinos a trabajar al margen de la ley. Yo fui testigo de los inicios de esta transformación y también víctima. Pagué caro, muy caro, ser hijo de esas hermosas montañas y sufrí en carne propia los estragos de esta guerra. No obstante, el destino y sólo el destino me separó de tajo de los caminos de mi adolescencia en la sierra y de los calientes manglares del Mar de Cortés.

Cuento esta historia porque estoy seguro de que los hombres de nuestra época preferimos escuchar a los testigos, a los protagonistas, que a los teóricos. Somos más sensibles a los ejemplos vivos que a las gráficas del gobierno. Los de muy lejos se equivocaron también al plantear la estrategia de esta guerra que, por desgracia, supimos dónde comenzó, pero nunca sabremos dónde terminará. Algún día las futuras generaciones se asombrarán de lo absurdo de esta guerra. Jamás entenderán por qué se encarceló a campesinos humildes que sembraron enervantes con el fin de comprar maíz y frijol para sus hijos, mientras en los países desarrollados grandes ídolos de la juventud mundial promovían abiertamente su consumo.

«EL HOMBRE ES FRUTO DE LA SOCIEDAD DONDE NACE Y DIFÍCILMENTE ESCAPA A LA INFLUENCIA DE SU ENTORNO. »

ERICH FROMM

PARTE DOS

LA UNIVERSIDAD
DE **EMPRENDEDORES**

Mis abuelos, don Federico de la Rocha y Manuela Zazueta, se casaron en 1918 y tuvieron 15 hijos. Eran originarios de la frontera entre los estados de Sinaloa y Chihuahua: de Bacallopa, Choix, Sinaloa, y Zarupa, Morelos, Chihuahua. Para los años sesenta la familia estaba dividida entre las ciudades de la costa sinaloense y la sierra de Chihuahua. En 1975 la familia contaba con más de 300 miembros.

La mayoría emigró a las jóvenes ciudades de la costa sinaloense y se ocupó en diferentes oficios: trabajaron en la construcción de las presas sobre los ríos que riegan el valle de El Fuerte, en la producción de carbón de mezquite en las tierras que se abrían en el valle del Yaqui, en la construcción del ferrocarril Chihuahua al Pacífico —actualmente conocido como el Chepe—.

Mucho antes de partir a la ciudad, había miembros de la familia visionarios con un claro espíritu emprendedor, líderes que rompían moldes sociales en medio de una región totalmente agrícola y con una economía de supervivencia. Desde muy joven don Federico de la Rocha producía vino y lo comercializaba lejos de las rústicas vinatas, mientras trabajaba las minas de extracción de oro.

Sus hijos fueron comerciantes, entre los que destacan Hilario, quien compraba ganado, y don Antonio, comerciante en los aserraderos y el primero en comprar una camioneta nueva en el municipio de Morelos. Sin embargo, sería don José Guadalupe (el tío Indio) quien con su gran visión de empresario cambiaría la historia de la familia De la Rocha Zazueta.

A las costas sinaloenses llegó Johnny, un pelotero cubano, quien, al retirarse de su vida como beisbolista, decidió no regresar a su país. Para ganarse la vida en México vendía pollos asados a la parrilla aderezados con cítricos y frutas en las playas cercanas a Guasave, Sinaloa. Ahí conoció a Juan Francisco Ochoa Zazueta, un pariente quien tenía una zapatería en el centro de la ciudad de Guasave. Juan Francisco, al probar el extraordinario producto de Johnny, descubrió la gran oportunidad de negocio que tenía frente a él y que apenas se comercializaba en las playas de manera informal. Johnny siguió con su negocio playero, mientras Juan Francisco, sin pensarlo mucho, decidió cambiar los aparadores de zapatos por parrillas para asar pollos; fue tan exitoso su negocio que hoy Juan Francisco es un importante empresario, orgullo de Bacallopa, Guasave, Sinaloa y México.

La gran oportunidad para nuestra familia se presentó cuando Juan Francisco invitó al negocio de vender pollos a José Guadalupe, lo incentivó para abriera un local de pollos asados a la parrilla en algún lugar de Los Mochis. El 2 de septiembre de 1975, con una inversión de 18 mil pesos, aportados en sociedad por don Guadalupe y su hermano Héctor, y unas mesas prestadas de una refresquera local, entre las calles de Juárez y Degollado, abrieron la primera sucursal de venta de pollos asados dirigida por un miembro de la familia De la Rocha Zazueta. Nadie imaginó en aquel momento lo que representaría en el futuro aquel modesto oficio de asar pollos.

Las condiciones técnicas, financieras, estratégicas y mercadológicas eran muy limitadas. Sin embargo, el compromiso, el hambre y el deseo de hacer bien las cosas, en eso nadie les ganaba. Quemaron las naves en aquel proyecto, había que dejarlo todo en el intento.

Las ventas no despegaron de inmediato. Era un producto nuevo en el mercado, así que muchos clientes entraban al local y, al darse cuenta de que no era pollo rostizado de la manera conocida, posicionada, aceptada durante aquellos años, ofrecían disculpas y abandonaban el lugar. Había que alcanzarlos y convencerlos de que lo probaran.

Así pasaron los primeros meses hasta que un día llegaron las ventas y con ellas las ganancias. Los primeros resultados positivos sembraron una esperanza en cada uno de mis parientes. Sin envidias, sin avaricia, sin egoísmo, sin protagonismo, los socios fundadores comunicaron al resto de la familia el éxito logrado simplemente con la intención de que otros familiares y amigos que trabajaban haciendo zanjas bajo el sol de la costa sinaloense encontraran una nueva manera de ganarse la comida. Muchas veces lo compararon con descubrir una mina de oro, pero con el tiempo se convirtió en algo todavía más grande.

LOS
MOCHIS

CAPÍTULO 4

ASISTENTE PARA LO BÁSICO

Durante un verano de mi infancia aparecieron en Zarupa importantes personalidades del mundo empresarial y político
sinaloense que inspeccionaban los bos-
ques para su futura explotación. Se hos-
pedaron con mi tío Nacho y disfrutaron
del clima, los paisajes y la hospitalidad de
los pocos habitantes del rancho. Las dos
semanas que estuvieron en Zarupa fueron suficientes para que nacieran grandes amistades, compromiso de seguirnos
viendo y no perder el contacto.

Les gustó tanto que tiempo después
regresaron para construir muy cerca de
nuestras casas una larga fila de caba-
ñas para vacacionar durante el verano y
escapar por unos días del insoportable calor de la costa sinaloense. Todos los días,

como pájaros, bajaban avionetas para llevarse a unos, dejar a otros y proveerlos de lo necesario para su estancia en la sierra.

Para nosotros fue una extraordinaria oportunidad para venderles lo que se producía en Zarupa en temporada de aguas: leche, queso, huevos, manzanas, quelites. Durante el día se organizaban largas caminatas por los terrenos del rancho y sus atractivos turísticos: El Pirame, Los Frailes y la Cueva de la Cañita. La seguridad y el servicio de guías estaba bajo nuestra responsabilidad, así como el abasto de leña para las fogatas nocturnas.

Fue un ganar-ganar, una especie de intercambio de valores: ellos se divertían, huían del calor, vacacionaban; nosotros observábamos, aprendíamos, vendíamos leña, nuestros productos del rancho y servicios de turismo VIP.

Cuando tuvimos que dejar Zarupa con rumbo a la costa, estas amistades tomaron relevancia: las personas más influyentes que conocíamos en la ciudad eran precisamente los turistas del llano de La Laguna. Entre ellos destacaba el doctor Carlón, en aquel tiempo director del Instituto Mexicano del Seguro Social (IMSS) en Sinaloa y un hombre de gran influencia en Culiacán. A él acudimos en busca de apoyo pues emigramos sin dinero, sin profesión, sin saber qué hacer. Desde el primer momento manifestó su solidaridad para ayudarnos en lo que se pudiera; nos recomendó y dio empleo. Muchos de mis parientes terminaron trabajando en el IMSS, ninguno de director, por supuesto, tampoco de doctor, simplemente lo que acomodara: afanadores, choferes, jardineros, veladores, policías.

Al llegar a la ciudad, después de mis dos años en Topolobampo, trabajé en lo que encontré y donde lo encontré: de albañil, de vaquero, de chofer, vendiendo nieve o enciclopedias de casa en casa. Cuando me presenté ante el doctor Carlón me preguntó que qué sabía hacer en la ciudad y dije que en realidad muy poco. Por compromiso, y sólo por compromiso, generó un puesto para darme chamba, *asistente para lo básico* —mandadero vil—, que reportaba directamente al mismísimo doctor Carlón. Cortaba el pasto de su casa, cargaba gasolina, compraba el periódico, hacía mandados, lavaba la camioneta. Él manejaba, por lo que nunca ostenté el grado de chofer. Me dio hospedaje en un cuarto de servicio de su casa y comía junto con las señoras que trabajaban para él.

El doctor Carlón acostumbraba a desayunar con sus amigos en el Hotel Ejecutivo, ubicado en el centro de Culiacán, el hotel más nuevo, lujoso y glamuroso de ese momento. Mientras el doctor desayunaba, yo permanecía en la recepción del hotel esperando para lo que se ofreciera. Me costó trabajo adaptarme al ajetreo que se vivía en el *lobby*, pues había sillones rojos de piel de camello, jarrones gigantes de talavera poblana, lujos que yo nunca había visto y me hacían sentir un gran respeto y temor. Si rompía alguno o manchaba los asientos al sentarme, representaría un problema financiero difícil de solventar con mi sueldo. Hubiera tenido que trabajar el resto de mi vida para pagarlo, así que permanecía de pie, inmóvil.

Con los dos primeros cheques de mi sueldo me compré ropa digna y todos los días me levantaba muy temprano para bañarme, rasurarme, peinarme y estar a la altura de las personalidades que paseaban por el *lobby*. Poco a poco me fui sintiendo cómodo en ese ambiente.

Por estos coloridos mares navegaba mi barco, cuando un día me llamó a la casa del doctor mi tío Indio para contarme que estaban vendiendo pollos asados en Los Mochis, que les iba muy bien y tenían chamba para mí. Me enseñaría y ayudaría para que pusiera un local en otra ciudad.

MATRÍCULA DE SUEÑOS EN JUÁREZ Y DEGOLLADO

No lo pensé mucho: una semana después de la llamada presenté mi renuncia a mi puesto de *asistente para lo básico* acompañada de toda la gratitud para el doctor Carlón, quien me deseó la mejor de las suertes en mi nuevo reto. El 7 de febrero de 1976, como a las diez de la mañana, partí de Culiacán con destino a Los Mochis, al encuentro con mi destino.

Tres horas más tarde llegué ilusionado con mis parientes. El recibimiento fue como me lo esperaba: músicos, cerveza y recuerdos. Platicábamos todos al mismo tiempo; parecía que competíamos para ver quién hablaba más fuerte y escuchaba menos. Entre la guasanga me ponían al tanto del nuevo oficio de vender pollos asados a la parrilla.

«Pollos asados al carbón», decía un letrero de cartón sobre una caseta de lámina negra, muy lejos de ser todavía un restaurante o siquiera un local formal, a la que pronto la gente comenzó a referirse como «el Pollo». Mis tíos y primos trabajaban dos turnos y se repartían las tareas: asadores, partidores, *lavapollos*, salseros y el *traetortillas*, quien durante todo el día daba viajes a las tortillerías cercanas al local para que siempre estuvieran calientitas. El cajero era comúnmente el jefe; la caja, una caja de zapatos marca Canadá. Después de tomar cerveza toda la tarde, al día siguiente me incorporé al trabajo.

Por la mañana los encargados del abasto compraban en el mercado el pollo, la verdura, el carbón y el material de empaque. Trasladaban la materia prima en la única camioneta que tenían, una Chevrolet verde alfalfa modelo 1971 con caja, seis cilindros en línea, transmisión manual, con un par de caballos plateados ensillados sin jinete en la parte delantera del cofre. En ella aprendieron todos los primos a manejar.

Comprábamos y vendíamos las piezas de pollo por kilo, por no existir en la industria procesos de estandarización del peso o gramaje, incluso comprábamos el pollo vivo que desplumábamos y lavábamos en rastros caseros. Teníamos que vender las menudencias: patas, mollejas, hígados, corazón y cabezas de pollo, se colocaban en bolsas pequeñas para venderse de casa en casa, tocando de puerta en puerta, como materia prima para caldos.

Lo extraordinario del lugar era una larga y permanente fila de clientes dispuestos a permanecer bajo el sol a más de 45 grados para llevarse un pollo. La hora de salida era precisamente cuando se acababan los pollos, la salsa o las tortillas, aunque en ocasiones, para terminar antes, algún listo lanzaba estas últimas al techo del local.

La filosofía empresarial era tan nueva como el negocio mismo. Debutábamos como empresarios en mercados abiertos, estábamos más preocupados por mantenernos que por la filosofía, lo cual sería uno de los grandes obstáculos a superar. Juré apegarme al código de ética y recomendaciones del grupo y pronto asumí sus principios, los cuales enlisto a continuación:

- Los graduados de esta universidad nunca deben estar en la misma ciudad, entre más lejos un pariente del otro, mejor.
- La melodía más hermosa para un pollero es el machete partiendo pollos.
- Lealtad a Zarupa y a los antepasados.
- La familia siempre es primero.
- Donde quiera que te cases lleva a tu esposa a que conozca Zarupa.
- Ayudar al que inicia, prestándole dinero y asesoría.
- Nunca contrates colaboradores más listos que tú; mucho menos aquellos con corbata y lenguaricos. Tarde o temprano te chingan.
- Nunca pongas un negocio donde ya exista otra parrilla. Si no es novedad, no se vende.
- La verdad sólo fluye después de doce cervezas; antes de esto, todo es protocolo o rompehielos.
- Las mejores camionetas para el negocio son las Dodge automáticas ocho cilindros.
- No debes abrir el negocio en las grandes ciudades —Ciudad de México, Guadalajara y Monterrey—; los habitantes de esas urbes, primero muertos que comer pollo asado.

- A los estadounidenses no les gusta el pollo asado. En el momento en que un mexicano cruza la frontera, le gustan más las hamburguesas que su comida de origen.
- En las inauguraciones, ayuda, no seas un espectador, asa pollos, y después de asar muchos, asa más.
- Hacer las cosas como te enseñaron, no cambiar nada: el partidero, el machete, el empaque, los ingredientes.
- Si el partidero no es de encino, el pollo cambia de sabor y los clientes no llegan.
- Los locales deben ser modestos. A los clientes les da miedo entrar a locales lujosos.
- Los mejores empresarios en el ramo del pollo asado son los que conocen el hambre, que bajaron de la sierra o de colonias populares de Los Mochis, los catrines bien vestidos se derriten junto a la parrilla, no tienen futuro en este oficio.

Estos postulados respondían al conocimiento empírico que fue producto de su tiempo y contexto. Con el tiempo estas verdades absolutas del grupo empezarían a disolverse. El primer golpe que recibieron fue que demostramos que en locales bonitos también entraban los clientes. De ahí en adelante aprendimos a escuchar, innovar, visualizar, liderar y desarrollar, pero, sobre todo, aprendimos a desaprender y a desechar, desechar y desechar. En la diversidad humana, las verdades absolutas simplemente no existen.

Pasados los años comencé a referirme a esta caseta de Juárez y degollado como una universidad del emprendedor, por tantos primos que fuimos invitados, capacitados y motivados ahí para emprender un negocio de pollos. Salieron más emprendedores de esta esquina que de algunas universidades del país.

#BUSINESSTIP

El crecimiento se da lejos del estado de confort. Que nada te ponga más incómodo que estar cómodo.

El modesto punto de venta no tenía aire acondicionado, lo que, en combinación con la lumbre y el calor de Los Mochis, convertía la caseta en un pequeño asador no sólo de pollos. Al mediodía la trementina recorría las tablas que sostenían las láminas negras. Sólo los más valientes aguantaban medio turno junto a la parrilla, para ser relevados después a tareas más frescas. Sin embargo, mis primos, que habían renunciado como yo al seguro social u otros empleos, soportaban las duras condiciones de trabajo porque tenían una ilusión: estaban trabajando y aprendiendo el oficio para algún día tener su propio negocio, eso siempre sería mejor que trabajar de raya sin esperanzas.

Un día sucedió lo que muchos habían pronosticado, lo que nadie quería y todos temían: la universidad se incendió. Las láminas de cartón no soportaron los 45 grados de la calle, los 56 del interior y los 500 de las brasas. El lugar de trabajo para muchos y de esperanza para otros más quedó convertido en kilos de ceniza en menos de 20 minutos.

Nos dio mucha tristeza por todo el cariño que le teníamos y porque no se quemaba un local, sino nuestras ilusiones y esperanzas. Pero lo más importante ya estaba en la mente de todos: confianza, seguridad, decisión, certeza, el oficio y la receta. Conocíamos ya el camino, sólo Dios nos podía detener.

En menos de dos meses se construyó de nuevo el local. En esta ocasión se hizo de materiales de primera, a prueba de fuego. El Pollo revivió y sus cenizas se esparcieron por todo el país.

#BUSINESSTIP

**Quien ya conoce el camino lo
puede recorrer de nuevo.**

«CUANDO LAS PRIORIDADES ESTÁN CLARAS LAS DECISIONES SON FÁCILES.»

ANÓNIMO

EL REGADERO DE PRIMOS

Algo había de extraordinario en ese lugar y en nuestra familia. Somos un grupo de comerciantes, aventureros, arrojados y desprendidos a quienes nos une un apellido y nuestros valores. Todos éramos jóvenes marginados que habíamos encontrado una oportunidad y estábamos dispuestos a renunciar a lo seguro para aventurarnos a donde fuera en busca de un mejor porvenir, a desprendernos de todo para volver a empezar, a *quemar las naves* vendiendo lo poco que teníamos para viajar a lugares lejanos, a dejar atrás nuestra tierra, nuestras costumbres, nuestra comida, amigos, familiares, a la novia y lo poco que ya habíamos conseguido. La confianza nos la daba el oficio.

Nos preguntábamos entre nosotros a dónde nos gustaría partir cuando juntáramos el dinero suficiente para nuestro negocio. La idea era ir a ciudades pequeñas, las que se parecieran a Los Mochis para probar fortuna, y partimos a ciudades tan lejanas como Champotón, Cozumel, San Luis Potosí, Campeche, Iguala, Acapulco, Tapachula, Villahermosa,

Irapuato, Guanajuato, Tepic, Hermosillo, La Paz, Veracruz, Puebla, Mexicali, Ensenada, Nuevo Laredo, Tampico, Torreón, Mérida, Pachuca. Así, en poco tiempo creció el Pollo de forma exponencial, hasta expandirse por todo el país. A esa edad lo que detona a un emprendedor son sus sueños, lo hacen levantarse, luchar, arriesgar, aventarse a lo desconocido a ver qué encuentra.

Cualquiera que fuera de Sinaloa, conociera o simplemente hubiera pasado por tierras sinaloenses era digno de ser invitado a cenar, ver un carro en Tampico con placas de Sinaloa era conectarse momentáneamente con su tierra, poníamos en cuenta regresiva los días de vacaciones para partir a reunirnos con los amigos, comer mariscos, tomar cerveza y escuchar a los músicos de Sinaloa, recoger recuerdos y llenar las maletas de salsa Huichol, de empanadas de doña Cuca, botellas de Tonicol, machaca de Rochín, coricos y tamales de elote.

Hay situaciones en las que los apegos te limitan, nosotros teníamos muy pocos, para bien o para mal, quién sabe. Desde que nos tuvimos que ir de Zarupa por necesidad, aprendimos a desprendernos, entendimos lo importante que era desaprender. El reto no sólo está en desprenderte de lo que amas, sino en adaptarte a lo que no conoces.

En un nuevo entorno donde la apariencia, la educación, las palabras, las costumbres y las personas son diferentes, sumado a la urgente necesidad de sobrevivir en esta selva en donde las oportunidades no abundan, deseaba ser aceptado, pero primero debía adaptarme. Había que cambiar la manera de pensar, de sentir, de relacionarse, de actuar, de vestir, de hablar, y aprender cuestiones tan ajenas a nosotros como socializar con sus debidos protocolos, por ejemplo, aprender a comer con tenedores fue una tarea sumamente difícil para mí.

Miles de familias mexicanas recorrieron el mismo camino y las mismas dificultades. Mucha de nuestra manera de pensar y actuar se vino con nosotros: nuestra idiosincrasia formada en el campo nos acompañó a donde emigramos. Fue difícil integrarnos a un mundo económicamente activo, dinámico, en apertura a la hoy llamada globalización. La mayoría pagó un precio muy alto: nunca fueron parte plena de la vida urbana y murieron como los robles trasplantados, en silencio, lentamente, añorando el lugar donde yacían sus raíces.

Sería la siguiente generación la que cambiaría de lugar la querencia, jóvenes que prefieren el pejelagarto sobre el zarandeado, las chalupas en lugar de los tacos del zurdo, las tlayudas en lugar de los tacos gobernador, las tortas ahogadas en lugar de la sopa de aleta. Lo único constante y seguro que encontramos en el mundo es el cambio, así lo demuestran nuestros hijos.

Me gradué de pollero sólo dos semanas después de iniciada la carrera, el 24 de febrero de 1976 a las cinco de la tarde en la cantina La Sirenita, contigua a mi alma máter de Juárez y Degollado. Como sinodales fungieron mis tíos, varios de mis primos y unos músicos norteños. Recibí mi título con el corazón agradecido, y aunque en el momento no entendí las bendiciones que encerraba, cada día lo agradezco más. Muchos de mis primos, amigos y colaboradores se graduaron en esa universidad de emprendedores a lo largo de sus años.

«YO QUIERO QUE LOS DEMÁS ESTÉN BIEN PARA YO ESTAR MEJOR.»

OSCAR WILDE

LA FILOSOFÍA DE COMPARTIR

Somos un grupo casi con el mismo apellido, de la misma región, que vivimos las mismas circunstancias y con un enorme cariño y deseo de que los nuestros estén bien. El ingrediente secreto del Pollo es una especie de *egoísmo inteligente*: el bienestar del otro contribuye al propio. La clase troncal número uno de esta universidad consistía en asumir este espíritu de compartir.

Quien merece todo el crédito y quien debería estar escribiendo esta historia es José Guadalupe de la Rocha Zazueta, pionero en el oficio, dueño de la universidad de Juárez y Degollado, pilar de este negocio en la familia, con un gran corazón y una visión fuera de lo común. ¡Quién hubiera imaginado que aquel producto y esta familia harían un negocio tan grande!

Otro personaje clave fue don Antonio de la Rocha, originario de Zarupa, quien maneja conceptos del más alto nivel en las distintas áreas del negocio en cualquier lugar del mundo: servicio al cliente, innovación, capacitación, crecimiento, desarrollo, entrega y compromiso. Sus locales en León, Guanajuato, fueron de las primeras y las más influyentes sucursales de la universidad de emprendedores, una fuente de inspiración para muchos. Además, tenía la disponibilidad de enseñarnos y de ayudar a todo el que se acercara. Cuando alguien le decía que quería aprender el negocio él respondía: «Métete a la operación y en la tarde nos reunimos y platicamos cómo le estoy haciendo». Además, su espíritu se complementaba con otro tipo de acciones, por ejemplo, a muchos incluso les prestó dinero para poder iniciar.

Cuando nos desparramamos por toda la República, a donde iban los egresados de la universidad de emprendedores llevaban la misma filosofía: invitaban al negocio a gente de Los Mochis, se llevaban colaboradores de Zarupa, clonaban el concepto y convertían sus locales en nuevos laboratorios para futuros emprendedores.

Hubo colaboradores, amigos de la familia que se incorporaron a la universidad y en el futuro fueron grandes empresarios. Con la filosofía de compartir, detonaron otros polos de crecimiento y protagonizaron su propia historia: Los Chinchillas, Peraza, Gil, Gámez, Ulloa, Guerra, Lugo y Peña son ejemplo de esto.

CHIHUAHUA
CAPÍTULO 5

LA TIERRA DE LA CARNE ASADA

A dónde partir para poner mi negocio fue una decisión fácil. Al día siguiente de mi graduación, con mi título en la mano, tomé el tren con destino a Chihuahua; algunos de mis hermanos ya tenían tiempo en la capital del estado. Los más grandes, al terminar la primaria en Las Palomas, emigraron a la gran ciudad para continuar con sus estudios, mientras los más chicos permanecían con mi mamá en la sierra.

Al llegar a la capital buscamos el local adecuado según las verdades absolutas que me habían enseñado, sin margen de maniobra: un local rentado, cerca de algún mercado con gran afluencia, barato, que requiriera baja inversión, que no tuviera vecinos elegantes porque se molestan con el humo, sin aval. Después de dos semanas de búsqueda y que nada se acomodara a las recomendaciones recibidas, decidimos buscar en otra parte. Dedujimos que en las ciudades más chicas del estado las rentas serían más baratas. Parral, Delicias o Ciudad Cuauhtémoc. Acordamos que sería esta última ciudad, por su similitud con Los Mochis.

La mayor parte de mi vida la había pasado en Zarupa, cerca de Sinaloa, por lo que mi idiosincrasia era más sinaloense, distinta a la cultura de Chihuahua. Ahora el reto era hacer negocio en una tierra diferente que exige el máximo a quien ahí quiere vivir.

En el estado más grande del país no existe un paraíso verde y exuberante. Los kilómetros de área están repletos de llanuras amarillentas, erosionadas, secas y desoladas, y de montañas altas y escabrosas, cortadas de tajo por enormes desfiladeros. El sol cae a plomo, ampolla y agrieta. El viento frío corta como navaja. El invierno quema, paraliza y hostiga. Las lluvias son escasas, pero cuando llegan son torrenciales; caen para evaporarse en las cuencas desérticas o despeñarse entre cañones rocosos. Los ventarrones de febrero cargados de polvo impiden esbozar la más mínima sonrisa.

Los chihuahuenses son hombres de lucha, indomables, comprometidos, aferrados a la tierra con todas sus fuerzas. Son como los mezquites del desierto que durante largas sequías pierden algunos brazos, pero siguen de pie luchando por sobrevivir. Mineros, ganaderos, agricultores o clérigos, pero siempre han sido guerreros. El ambiente les exige su máximo esfuerzo, tanto en valor como en tenacidad de espíritu, fuerza y carácter. Una raza de hombres y mujeres fuertes con mucho amor a la tierra, dispuestos a luchar por ella. Sin esa templanza, simplemente no se puede vivir en Chihuahua.

Llegué a Ciudad Cuauhtémoc con tantas dudas que no las pude inventariar, una carretada de temores, un costal lleno de incertidumbre y un marañero de verdades absolutas, arrastrando moldes forjados muy lejos de la vida urbana y ajustando los sueños a los que había aspirado toda mi vida.

Inicié la búsqueda y las cosas ahí tampoco estaban fáciles. Los principales obstáculos que enfrentaba eran ser un desconocido, con un producto desconocido y desconocimiento del negocio. Cuando contactaba al dueño de un posible local lo primero que me preguntaba era que qué iba a vender. «Pollos asados a la parrilla», era mi respuesta. «¿Para eso quiere un local? Aquí lo único que nos gusta a la parrilla es la carne asada. Los pollos deben ser fritos, en caldo o rostizados, eso que usted trae, aquí no se venderá.» Y seguía buscando con resignación.

Muy cerca estuve de que me tacharan de un loco suelto deambulando por las calles presumiendo que quería rentar un local para competir con la tradicional carne asada, orgullo de Chihuahua. Nadie conocía el producto, nadie le tenía confianza y mucho menos en manos de un chamaco serrano de 19 años, con poco dinero, dudoso y vestido de músico norteño.

Todo quedó superado cuando el dueño de una de las esquinas más importantes de la ciudad confió en mí y me rentó la esquina de Allende y Tercera. Cuatro meses, 15 días, 16 horas y 14 minutos después de haber dejado Culiacán y mi puesto de *asistente para lo básico* debutaba como comerciante con especialidad en pollos asados a la parrilla. El 16 de junio de 1976 abrí las puertas al público de mi primer negocio de pollos asados a la parrilla, el primero en mi carrera, el primero en Ciudad Cuauhtémoc, el primero en el estado de Chihuahua y uno de los primeros tres en el país.

Para apoyarme con la apertura, me mandaron dos *técnicos* de la universidad de Juárez y Degollado. Ellos tenían la última palabra en cada decisión, pero tomaban más cervezas que decisiones, como si fueran expertos de Rolex o Toyota. Sólo estuvieron una semana para dejarnos a mis hermanos y a mí a merced de mis dudas y corta experiencia.

En efecto, en la ciudad nadie conocía el pollo asado y tampoco estaban muy dispuestos a experimentar. Nosotros tampoco hacíamos mucho para crear cultura de consumo. Mientras llegaban los clientes jugábamos conquián en la cocina o billar en la esquina de la calle. Sólo uno permanecía esperando en el mostrador, y cuando un cliente se aventuraba, salíamos corriendo en apoyo del guardia. «¿Qué pasó? ¿Por qué se fue?», preguntábamos jadeando. «Era una señora, pero ¡quería pollo rostizado o carne asada!».

Los primeros días en los que asaba pollos me quedaban pollos a medias o asados que no podía vender. Salía a tocar de casa en casa a venderlos a mitad de precio o lo que me dieran porque simple y sencillamente representaban la operación del día siguiente. Si no tenía materia prima para el día siguiente y quebraba el negocio, seguramente iba a regresar a hacer zanjas.

PARADIGMAS EN CONFLICTO

«No pienso pasar el resto de mi vida haciendo esto», me decía, mientras inconforme asaba los pollos frente a la parrilla. En mi mente sólo tenía la necesidad de que alguien los asara por mí, pero las condiciones del negocio exigían que lo hiciéramos y no era cuestionable. Como originario del campo, estaba acostumbrado a la libertad. Luego de pasar recluido en las peores circunstancias un par de años, la vida me pedía darle más actividad a las alborotadas emociones. Permanecer detrás del mostrador me generaba ansiedad.

Nunca estuvo en mis planes picar cebolla, pelar ajos, cocinar, meserear, lavar platos ni vender comida. Nuestro producto era bueno, pero significaba hacer actividades que en mis bien definidos moldes no eran para hombres. Aguantaba en el local por pura necesidad; no tenía alternativa y no estaba totalmente convencido de lo que estaba haciendo. Además, todo el dinero de mi familia estaba puesto en ese proyecto; no habría una segunda oportunidad.

El problema no fue ir a una ciudad desconocida, sino que yo cargaba el pensamiento y la idiosincrasia de la región de donde venía. Me ilusionaba vender toros, potros sin amansar, mínimo chivos para asar; ser comandante de la judicial del estado; ganadero dueño de algún rancho; intrépido jinete de rodeo o agricultor con grandes extensiones de maíz, frijol y calabaza. Así que atendíamos las mesas vestidos de vaqueros porque nuestra aspiración era ser vaqueros. Por ello, no era una sorpresa que a algunos empleados les incomodara incluso la llegada de un cliente. Había dejado el campo porque me trató mal, me expulsó. Ahora tenía oportunidades en la ciudad y añoraba el campo.

Todo mi contacto fuera del Pollo estaba relacionado con cosas ajenas al oficio, pues seguía aferrado a mis sueños de la sierra; incluso ya buscaba un comprador de becerros. Los domingos en la tarde acudía a las carreras de caballos en las afueras de Villa Aldama. A finales de la década de los setenta resurgió en Chihuahua la afición por el rodeo, faenas del campo hechas espectáculo. No me perdía un solo lazo de los eventos en la plaza de toros La Esperanza, ni cualquier cosa que estuviera relacionada con vaqueros, ranchos y caballos. Los judiciales y federales de caminos que acudían al Pollo eran tratados con solemnidad, respeto y admiración como referentes aspiracionales lejos de nuestro alcance.

Jamás estaré en contra de jóvenes que descubren su verdadera vocación y luchan por sus sueños. Me tomó años entender que en mi caso y en mis condiciones era más importante querer lo que hacía, que hacer lo que quería. Fue un lujo muy caro intentar hacer lo que consideraba mi vocación, sin saber claramente cuál era ésta. No se pueden vender pollos por un largo periodo con el corazón en otro lado, sin fe, sin decidirse, visualizase, desarrollarse, focalizase, apasionarse, comprometerse.

La cosa es que nunca imaginé ser pollero y no encontraba la forma de convertirlo en un sueño que me entusiasmara lo suficiente para entregarme. Me costó mucho trabajo convencerme de lo extraordinario que era este oficio y de lo bien que empataba con mis conocimientos académicos y mi situación financiera, lo cual ya es un lujo. Dios puso en nuestro camino una bendita oportunidad a la altura de nuestras posibilidades y capacidades. Teníamos el compromiso de dignificarla, elevarla, defenderla y amarla. Así que la vi en un principio como un *por mientras*.

Tendrían que pasar años para desechar estos temores, romper infinidad de paradigmas, quebrar moldes anidados en mi interior desde el día que me los enseñaron como verdades absolutas. Bendito sea Dios que no encontré otro trabajo porque me tuve que dedicar a esto.

#BUSINESSTIP
Quiere lo que haces para que termines haciendo lo que quieres.

EL PODER MOTIVADOR DEL ÉXITO

Las noticias que llegaban desde Los Mochis eran que en la universidad de Juárez y Degollado las cosas cada día iban mejor. Eran como un faro de luz, un referente que nos impulsaba a seguir luchando, que daba esperanzas de mejores resultados y que destellaba energía para decirnos: «Si pueden, puedo». Saber que en otras plazas sí se podía, obligaba a seguir en ese camino. Si la universidad hubiera quebrado en Los Mochis, nosotros hubiéramos desistido. Nunca sabremos qué hubiera pasado, pero lo que sí pasó fue muy bueno.

Como el negocio no despegó rápidamente, creíamos que no iba a funcionar. Me decía a mí mismo: «Bueno, no puedo vender pollos aquí porque les gusta mucho la carne asada». Hoy puedo reflexionar y decir que la carne tiene cierta coincidencia con el pollo, pero es más barato y más sano. Sólo había que generar cultura, lo cual tomaba tiempo y nosotros queríamos ver ganancias pronto.

APORTE DE PROTEÍNA POR EL SECTOR PECUARIO

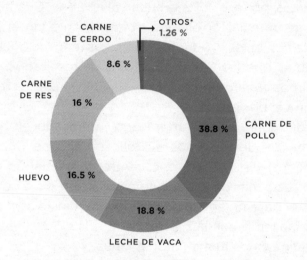

CARNE DE CERDO
OTROS* 1.26 %
8.6 %
CARNE DE RES
16 %
CARNE DE POLLO
38.8 %
HUEVO
16.5 %
LECHE DE VACA
18.8 %

*OTROS: CARNE DE PAVO, CAPRINO, OVINO Y LECHE DE CABRA

FUENTE: UNIÓN NACIONAL DE AVICULTORES (2020). ESTIMACIONES CON INFORMACIÓN DE LA FAO, SIHUEVO.MX, GUÍA DE CARNE DE LA FUNDACIÓN ESPAÑOLA DE LA NUTRICIÓN. HTTPS://UNA.ORG.MX/INDICADORES-ECONOMICOS/

Cuando estás generando cultura con un producto maravilloso pero nuevo te abruma la incertidumbre aplastante de un éxito incierto. Además, no teníamos un plan de marketing para anunciarnos. Sólo nos quedaba el recurso de *boca en boca* —que durante mucho tiempo fue el único medio de publicidad—: que los clientes quedaran satisfechos, regresaran, que les dijeran a otros que estaba muy sabroso y se decidieran a comprarnos.

De pronto tuvimos una rachita de ventas alentadora: una primera ola a mediodía y otra en la tarde. Hice las cuentas: «Si tengo dos rachas en el día y hay unos 50 mil habitantes en Cuauhtémoc, y en Chihuahua hay 700 mil, entonces me voy a llevar el negocio a la capital». El razonamiento fue muy primitivo, pero funcionó, me dio la confianza para abrir el Pollo en la capital, en donde para entonces ya vivían mis papás.

Además, por esos días la sucursal en León, Guanajuato, gozaba de un éxito arrollador. Complementaban el pollo a la parrilla con otros productos y algunas innovaciones muy importantes que les dieron muy buenos resultados. Entonces rompimos el paradigma: en las grandes ciudades también se podían vender pollos.

Un día apareció un empresario interesado en adquirir la esquina donde teníamos el Pollo en Ciudad Cuauhtémoc, pues construiría un enorme centro comercial en ese lugar. Nos ofreció más de lo que habíamos invertido, y como ya habíamos contemplado la posibilidad de reinstalar el local en la capital, aceptamos la oferta, cerramos el local, entregamos la esquina y nos fuimos a Chihuahua.

Viéndolo en retrospectiva, tres factores fueron los que determinaron nuestro fracaso en nuestro primer local: estábamos en un mercado pequeño, hacíamos muy mal las cosas y teníamos un producto desconocido. Aun egresados de la universidad de Juárez y Degollado, seguíamos aprendiendo del negocio sobre la marcha. También estábamos en la etapa de aprender, entender, amar y apasionarnos por el Pollo.

En cambio, los primeros que se comprometieron con el Pollo fueron justamente a los primeros que premió. A aquellos que se decidieron, visualizaron, se apasionaron y amaron este oficio entraron en un camino de crecimiento y se mantienen ahí. Otros siguen dudando más de 40 años después. No hay nada más motivante que el éxito: la motivación se mantiene viva en la medida en que el éxito fluye, y el éxito es consecuencia.

#MUSTNOT

No es malo dudar qué hacer, lo malo es hacerlo dudando tanto tiempo.

EL BORBOLLÓN

Sólo unos días después de cerrar en Ciudad Cuauhtémoc rentamos un terreno baldío en Chihuahua, en la calle de Revolución y Séptima, a orillas del río Chuvíscar, y construimos un tejabán de lámina galvanizada bastante modesto. Para diciembre de 1976 abría la primera sucursal en la capital del estado.

No obstante los nuevos retos de una ciudad más grande —un mercado más vivo, más competencia, más gente, todo más caro—, con lo poquito que aprendimos en Cuauhtémoc hicimos mejor las cosas en Chihuahua. Lo maravilloso del producto, la necesidad del mercado, el hambre de éxito, lo arrastraron todo y nos hizo funcionar.

Sólo cuatro meses después de abrir vendíamos lo que nunca imaginamos. Ahora al Pollo le iba bien, prometía y las ventas ya no eran problema. Sin embargo, tendríamos que encarar retos más grandes, como mantenernos en ese camino de crecimiento. Sabíamos qué hacer cuando no daba: venderlo, cerrarlo, seguir luchando. Todos nos dieron recomendaciones sobre cómo levantar el avión, pero nadie nos dijo cómo mantenerlo en vuelo, mucho menos cómo aterrizarlo.

Dado el éxito obtenido, me quedé cuatro años en Chihuahua, durante los cuales abrí sucursales en ciudades cercanas, como Parral y Ciudad Juárez, antes de partir al sur para probar fortuna. Vivíamos lo que definimos como un borbollón, una abundancia totalmente desconocida. Matamos el hambre vieja acumulada por años, comiendo, tomando, haciendo todo lo que nunca pudimos por no tener con qué. Fuera de foco por completo, pagando la novatada. Aquí se presentó el terrible problema de quien nunca ha tenido y cuando tiene no sabe qué hacer con el dinero, con su salud, con su tiempo, con sus amistades, con su vida social. En ese momento no tenía la objetividad suficiente para dimensionar lo que tenía en mis manos, la responsabilidad para aprovecharla y el carácter para domar los impulsos que me desviaban del camino.

«EL PRECIO DE LA GRANDEZA ES LA RESPONSABILIDAD.»

WINSTON CHURCHILL

Después de cuarenta años de haber llegado a Chihuahua, tenemos una historia de compromiso digna de presumir, pues ya somos parte de la cultura gastronómica del estado. Hoy los chihuahuenses comen más pollo a la parrilla que carne asada, una historia de más de cuatro décadas de esfuerzo y trabajo.

EN 2019 **70 %**
DE LOS MEXICANOS
PREFIRIÓ LA **CARNE
DE POLLO** POR
ENCIMA DE OTRAS
PROTEÍNAS ANIMALES

FUENTE: AVINEWS (2 DE MARZO DE 2020).
«UNA DÉCADA DE TENDENCIA POSITIVA PARA PRODUCCIÓN
DE CARNE DE POLLO EN MÉXICO.» DISPONIBLE EN
HTTPS://AVICULTURA.INFO/TENDENCIA-POSITIVA-PRODUCCION-CARNE-POLLO-MEXICO/.

PARTE TRES

DE EMPRENDEDOR
A **EMPRESARIO**

PUEBLA
CAPÍTULO 6

LEJOS DE CASA

Me casé con Belém Leticia Sosa Rentería el 21 de noviembre de 1981 en Torreón, Coahuila. En el norte del país hay una tradición: cuando uno se casa debe buscar una vida independiente para poner distancia con el núcleo y la economía familiar. La mía no fue la excepción. El día que me casé tuve que dejar el clan De la Rocha Navarrete para formar el clan De la Rocha Sosa. Así que, recién casados, nos fuimos de Torreón a vivir por un corto tiempo a la ciudad de Chihuahua, cerca de la familia; después a la ciudad de Puebla, donde vivimos actualmente.

En ese momento tenía una sociedad con mi primo Humberto Guerra de la Rocha en Puebla. El día que me casé le pregunté: «¿Me vendes o me compras?». Decidió venderme para poner negocios en Tuxtla Gutiérrez, Chiapas. Tiempo después abrió un Pollo en la ciudad de

Guatemala con su propia marca, Pollo Brujo, otro eslabón y orgullo de la universidad de Juárez y Degollado.

Entonces migré a Puebla para finales de 1981. Todo el mundo me decía que Puebla era zona árida, que los poblanos eran difíciles, que el mercado no era cualquier cosa, pero yo ya me sabía esa historia. Era similar a lo que había vivido con la carne asada de Chihuahua. A mí ya ningún prejuicio me detenía.

Llegamos a instalar un negocio con la esperanza de regresar, porque si alguien de la República Mexicana tiene arraigo por su tierra es la gente de Chihuahua. Pero poco a poco la ciudad nos fue atrapando y seduciendo, y finalmente aquí nos quedamos. En 2021 cumplimos 40 años de casados, tenemos dos hijos, cuatro nietos y un hogar en esta bella ciudad.

En Puebla todo dio un giro muy interesante, sobre todo en lo personal, lo cual después fue a impactar mi desarrollo empresarial. Tal vez fue la lejanía por estar del otro lado del país y el hecho de que el oficio, la sociedad poblana y los hijos me exigían mantenerme en un proceso de crecimiento permanente.

No obstante, los valores familiares influyen tanto en nuestra vida que resulta imposible entender nuestra existencia sin su ayuda y compañía, pues determinan la calidad de nuestras acciones. En la familia, mi abuela doña Manuela Zazueta de la Rocha fue su entusiasta defensora y supo inculcar a cada uno de sus hijos y nietos la honradez, la lealtad y el respeto. Estas herramientas fueron las más valiosas que me llevé de ciudad en ciudad. «Ser honrado es buen negocio», decía.

Otro factor clave es que traía una tradición muy enraizada de mi tierra. Había que tomar licor para ser aceptado; el que no tomaba era un desajustado. El estar lejos de mis amigos me alejó también de esa costumbre. Dejé de beber alcohol hace 35 años, lo que permitió que mi alma inquieta se pusiera a leer y a estudiar para sustituir las necesidades de esa convivencia social. Entonces focalicé mi alma inquieta en cosas positivas.

Mis hijos, Alejandra y Arnoldo, quieren mucho más a Puebla que a Chihuahua, pues se desarrollaron en torno a familias poblanas y aquí construyeron su identidad. Algunas veces los chihuahuenses se burlan del acento de mis hijos porque son poblanos, y a ellos, a su vez, les parece que los norteños son muy directos.

En cambio, yo no noto así a los chihuahuenses ni noto *cerrados* a los poblanos porque estoy perfectamente adaptado a los dos. Los considero con cariños diferentes, algo como el amor que tiene uno por la madre y por la esposa: Chihuahua es como mi madre, porque me dio la vida, me atendió de pequeño y me hizo ser lo que soy, pero mis compromisos están en Puebla, que es como mi esposa. Soy chihuahuense-poblano y no tengo inconveniente en que me identifiquen como cualquiera de los dos.

La región donde naces no sólo representa el confort de estar en tu ciudad porque conoces el acento, la comida y los sazones. El desprendimiento es mucho más complejo y requiere una adaptación de paradigmas. Afortunadamente Puebla tiene mejor clima que Chihuahua, pero sí nos volvimos por mucho tiempo importadores de salsas y condimentos para preparar comida que se pareciera a la de nuestra región de origen. No teníamos amigos porque éramos ajenos; a diferencia de los sinaloenses o chihuahuenses, quienes te abren las puertas de inmediato, los poblanos se tardan más. Poco a poco nos fuimos ganando el cariño incondicional de muchísima gente. Hoy tengo grandes amigos poblanos.

También hay una cuestión importante: los mexicanos nos parecemos más por nivel de ingresos que por regiones. Una persona con cierta posición económica en Acapulco se parece mucho a la que gana lo mismo en Tampico o en Hermosillo. La percepción de México de la economía, de la política, es más o menos la misma. Alguien que sobrevive en el campo de Campeche se parece más al que vive en Sonora.

Incluso también es válido para otras regiones de Latinoamérica: los indígenas de Perú se parecen mucho a los de la Sierra Tarahumara o de la Sierra Norte de Puebla. Tal vez por eso la movilidad interna es tan recurrente, y ahora que estamos tan conectados, pues más.

La primera sucursal que abrí en Puebla fue en la 2 sur y 37 oriente en la colonia Huexotitla, grande y exitosa, con características para competir con cualquier mercado abierto del mundo. De ser un pequeño local ha pasado a ser un restaurante de más del doble del área inicial, con una barra de ensaladas —antes de que la prohibieran por la pandemia de COVID-19—, área de juegos y estacionamiento.

Si tuviera que elegir una capital gastronómica de nuestro país, esa distinción estaría entre Puebla y Oaxaca; su diversidad y riqueza son muy amplias, por lo que incluir el pollo asado con nuestro exclusivo sabor ha sido un verdadero reto.

EL CHANGARRO QUE SE CONVIRTIÓ EN EMPRESA

Nuestro negocio nació como una alternativa laboral con el propósito de solucionar nuestras necesidades económicas, pero este modelo tiene un límite. Nos alcanzó el desorden y nos impedía seguir creciendo. De hecho, es una de las razones por las que pocos negocios logran pasar la barrera de los primeros cinco años.

Entonces, forzados por las circunstancias, tuvimos que buscar a los expertos para que nos ayudaran a diseñar un plan estratégico de negocios para que nos quedara claro hacia dónde queríamos llegar. Había que definir nuestra misión, visión, valores y objetivos tácticos y estratégicos aglutinados en una filosofía.

#BUSINESSTIP

El que sabe lo que quiere ya tiene parte del camino andado.

Una empresa es un conjunto de recursos humanos y materiales dirigidos a generar bienestar. Hasta el momento las empresas son las únicas capaces de generar empleos de forma sostenible, y tienen la obligación de pagar impuestos, respetar los derechos de sus colaboradores, satisfacer las necesidades de sus clientes y generar utilidades. Si bien son propiedad de sus dueños, también pertenecen a la sociedad, al entorno, a sus proveedores, clientes y colaboradores. Son fuentes generadoras de oportunidades. A la par, los empresarios no sólo queremos dinero, queremos participación, trascendencia, prestigio y seguridad.

Durante mucho tiempo yo había permanecido inmerso en la operación vendiendo pollos, viendo mi negocio sólo como eso, pues la sola ejecución deja poco espacio para la creatividad e innovación. En cambio, cuando me constituí en empresa, mi proyecto se volvió muy motivante. Obviamente, para dar ese salto y estructurar un plan estratégico yo necesitaba conocer los procesos del Pollo a detalle. Ese cambio de rol me llevó a ver el negocio desde otros ángulos, lo que me permitió ir descubriendo y sorteando distintas etapas de este proceso de transformación.

Si le preguntas a un niño qué quiere ser de adulto, difícilmente ser pollero aparecerá entre sus opciones. Ser estrella del deporte, político, actor o magnate de la industria automotriz suena más glamuroso. Supongo que les sucederá como a mí cuando empezaba con el Pollo: no me identificaba con el oficio. Sin embargo, con el tiempo caí en cuenta de que en México no trabajar mucho ni saber mucho es suficiente para hacer un patrimonio. Hay personas que trabajan todo el día y siguen sin lograrlo, otras saben mucho y están frustradas por no satisfacer sus necesidades. Tampoco escoger una profesión sobre otra hace la diferencia.

En mi caso, y sin planearlo, he contribuido mucho a mejorar la imagen del pequeño comerciante. No soy poseedor de grandes virtudes que me dieran una marcada ventaja en el mundo de los negocios, soy tan normal como cualquiera. Sin embargo, dentro de un plan estratégico, con un camino claramente trazado, todas las virtudes que tenía, grandes o chicas, las focalicé hacia un solo propósito: hacer una empresa que me diera los recursos, la libertad y la autonomía para crecer. Y así, durante más de 40 años abrí la puerta de cientos de negocios. Algunos están vivos, otros murieron. Confío en que algunos estarán vivos después de que me vaya.

El reto es darle valor agregado a cada una de nuestras acciones, y esto se logra estableciendo un destino claro, lo suficientemente objetivo para llegar a él antes de morir, pero lo suficientemente motivante para levantarnos a luchar por él todos los días. Si vives sólo en la realidad objetiva, te amargas, y si vives sólo en la fantasía te desajustas, lo difícil es mantener el equilibrio. La imaginación, la visión y los sueños alcanzables son esenciales para los negocios, pero es una obligación aterrizarlos.

«CUANDO UN HOMBRE SABE A DÓNDE VA, EL MUNDO ENTERO SE APARTA PARA DARLE PASO.»

BERTRAND ARTHUR

#BUSINESSTIP

Es más importante ir en el camino correcto que ir a gran velocidad.

Muchas satisfacciones aparecieron en mi vida después de trazar claramente el camino de mi negocio. Con el tiempo, anida en mi corazón la más grande de todas las virtudes: ¡la gratitud!, por la oportunidad que me ofreció la vida con este oficio que me dio trabajo, dinero, libertad, prestigio, crecimiento, autonomía y confianza. Nunca hay que confundir lo grandote con lo grandioso.

En retrospectiva y considerando mi atropellada curva de aprendizaje, para mí hubiera sido muy valiosa la llegada temprana de un plan estratégico de negocio, me habría ahorrado mucho tiempo. A los jóvenes que buscan emprender, les recomiendo tomarse las cosas con calma y, antes de iniciar, dejar claro a dónde quieren llegar.

La universidad los prepara para aprender, pero una vez egresados lo mejor es trabajar unos años en empresas afines a sus sueños. Al conocer cómo funcionan, desarrollar habilidades empresariales y absorber todo el conocimiento que se pueda, será muy útil transformarlo en experiencia valiosa para sus propios proyectos.

Si tu proyecto de vida es ser emprendedor, abrir tu propio negocio, hay que ser muy listos para no quedar atrapados por un sueldo, por más bueno que éste sea. La vida genera necesidades con el tiempo: llegan los hijos, las colegiaturas, un carro, una casa, un viaje. Tu sueldo queda condicionado y tu espíritu emprendedor se ve limitado, es mucho lo que hay en juego para ponerlo en riesgo.

Aventarse a lo loco a emprender y fracasar es caro en dinero, tiempo y, lo más importante de todo, en frustraciones, y se corre el riesgo de no volverlo a hacer. Creo que la mejor etapa para emprender es después de la graduación y un par de años de experiencia. A esa edad se tienen la energía, los sueños, la libertad, y las necesidades no son tantas. Para entonces ya se tiene una lectura correcta del mercado y se conocen con claridad las necesidades a solucionar. El empresario exitoso no toma riesgos, sino administra riesgos con base en la lectura clara que tenga del mercado donde ofrecerá sus servicios.

#BUSINESSTIP

Emprender no es una decisión, es adentrarse en un mundo de decisiones, todos los días y toda la vida.

«EN TIEMPOS DE CRISIS, MIENTRAS UNOS LLORAN, OTROS VENDEN PAÑUELOS.»

ANÓNIMO

AGUANTAR VARA

Los emprendedores egresados de Juárez y Degollado aprendimos sobre la marcha cómo sortear los tiempos difíciles al convertirnos en *activos vivos* de la empresa. Un activo vivo es alguien que quiere y conoce su negocio, quien ha vivido crisis y ha tenido con qué salir de ellas. No se debe confundir con el *factor humano*, pues todas las empresas lo tienen, pero no todas cuentan con activos vivos.

#MUSTBE

Busca convertirte en un activo vivo de tu empresa, un líder que ama y conoce su negocio tiene con qué solventar las épocas de vacas flacas, sabe qué son las coyunturas y está seguro de que algún día reaparecerá..

En nuestro caso, el Pollo fue una gran oportunidad que llegó en el momento que más la necesitábamos, por eso lo amamos. Nuestro negocio sigue vivo porque todos los días nos levantamos para hacer las cosas mejor, con la misma pasión con la que asamos los primeros pollos, lo seguimos haciendo cerca de cinco décadas después.

Además lo conocemos bien, pues durante este tiempo hemos vivido miles de experiencias: crisis económicas, pérdida del poder adquisitivo, devaluaciones de nuestra moneda, inseguridad social, incertidumbre política, leyes confusas. Pollo Feliz tiene activos vivos y eso nos da esperanzas de permanecer muchos años más en el mercado.

El enorme secreto del negocio es dominar los distintos escenarios del ciclo económico y saber cómo actuar cuando se presentan. Si una empresa con buena participación sufre un imprevisto —una devaluación o sale un nuevo competidor—, si no tiene el suficiente flujo de capital para hacer inversiones más agresivas o solventar gastos inesperados, o cualquier otra acción para contrarrestar la eventualidad en cuestión, es muy posible que la inercia la atrape y la hunda. Con trabajo, esfuerzo, dolor y capital puedes sobrellevar la crisis hasta que la curva del mercado vuelva a subir.

#MUSTDO

**En épocas de crisis no hay que levantarse en
armas, hay que levantarse más temprano.**

Nosotros sabemos que los lujos son de contado (si no, no
son lujos), que ser honrado es buen negocio, que nunca hay
que gastar más de lo que ganas y que el dinero se consigue
cuando no se necesita. Todo es disciplina. Por ello, en épocas de crisis trabajamos, aunque no ganemos, porque sabemos que son temporadas coyunturales en la vida de nuestro
país y de nuestro negocio.

Nos dimos cuenta de que la renta de un local podía consumir el capital destinado para la operación y ahí se desataba
un círculo vicioso en el cual se descuidaba a los colaboradores y a los recursos materiales por el compromiso del al-
quiler, lo que derivaba en menos ventas y, así, menos dinero
para pagar la renta. Además, ese gasto se refleja en un alza
de precios del producto que puede condicionar el desplazamiento del volumen de ventas.

Entonces, para protegernos, nos hicimos de activos patrimoniales empresariales con miras a hacernos de los inmue-
bles comerciales mejor ubicados en las ciudades donde ope-
ramos. Así, cuando el mercado se encuentra al alza, hacemos
inversiones fuertes, y cuando baja no sólo nos ahorramos el
gasto de renta (o del crédito), sino que ya nuestros puntos
de venta están en las posiciones más estratégicas para mantener las ventas. Cuando va a la baja, nos da estabilidad y
ventaja contra la competencia. Tampoco estoy diciendo que
rentar locales no sea bueno, pero deben estar soportados
por bienes patrimoniales.

#BUSINESSTIP

Nunca dejes a un lado la capacidad de aprender de tu propio negocio y de los cambios que sufre a lo largo del tiempo.

Ahora, hay una alternativa más, la más difícil y la que no le deseo a nadie, pero que espero que tomes en cuenta con temple y resiliencia: a veces te encuentras en el camino ante la disyuntiva de decidirte a cerrar tu negocio.

Las empresas no quiebran por gastos ordinarios, la amenaza más frecuente está en hacer un mal negocio; los negocios comen negocios, uno malo puede comerse uno bueno. Cuando uno quita poquito y otro da poquito, tienes dos que no dan nada. El emprendedor debe estar siempre atento a estas amenazas y decidir lo que más convenga y a tiempo. Lo más grave que puede pasar es que quiebres y no te des cuenta, y nada es peor que seguirte desgastando por una causa perdida.

Para tomar la mejor decisión, tienes que combinar tu intuición con evaluaciones objetivas que te ayuden a separar la parte emocional del emprendimiento. Cerrar las puertas de un negocio porque no fuiste capaz de mantenerlo a flote es muy triste. Sostengo la teoría de que cuando una empresa quiebra y eres parte de ella, esa desolación se va contigo; te arrastra un sentimiento perdedor. Con el tiempo, los fracasos irán disminuyendo si logras capitalizarlos y mantienes la mente abierta para aprender de ellos. De los fracasos se aprende, pero hay que luchar para que no se vuelvan costumbre. Experiencia no es lo que me sucede, experiencia es lo que hago con lo que me sucede.

#MUSTBE
Desarrolla la virtud de la templanza, no te dejes llevar por las emociones y tentaciones.

Lograr esta combinación de virtudes es todo un reto, porque el empresario suele tener un perfil ambicioso, en el buen y en el mal sentido, y —hay que decirlo— también llega a tener mucho cariño por el dinero. Por ello es importante ver el negocio con objetividad, de lo contrario se vive en la fantasía y se cae en la soberbia, en creer que tus verdades son absolutas y que la única voz que se escucha es la tuya.

La soberbia va adherida al éxito y uno de sus grandes males es que ya no escuchas, y si ya no escuchas ya no hay innovación, ya no hay crecimiento. Incluso hay empresarios que contratan asesores a modo para que justifiquen sus decisiones. Inevitablemente, el ego te orilla a dejar de innovar, de mejorar, de proponer soluciones creativas, lo cual es clave para trascender, competir y hasta para huir de la quiebra. La diferencia entre dejarte llevar por tu ego y mantenerte en el camino de la objetividad está en tu círculo cercano, tu inteligencia y tus virtudes.

#MUSTBE
La soberbia va implícita en el éxito y es lo primero que hay que superar, porque si no escuchas, renuncias a la innovación.

En nuestro caso, evaluamos las siguientes variables: el punto de venta —la vista del local, el tráfico de personas de la zona, el sector socioeconómico en el que se inserta—, el producto, el precio, los indicadores financieros del estado de resultados y el histórico de ventas. En ocasiones nos hemos visto en la necesidad de cerrar una sucursal porque la competencia abrió en un punto más estratégico en la zona donde se ubica el nuestro, así que mejor reenfocamos la inversión en otra plaza.

En cambio, tenemos restaurantes sobre la carretera que venden tan bien en la época de vacaciones, que con los ingresos de esa temporada podemos sobrevivir el resto del año. Pero si no se hace un análisis integral, cualquier ojo externo que vea las ventas en temporada baja pensaría que es un fracaso y que hay cerrar. Por eso, *aguantar vara* y conocer el mercado es tan importante para optimizar los esfuerzos y hacer inversiones estratégicas.

No estoy diciendo nada nuevo que el libro *El arte de la guerra* no haya dicho ya hace siglos: «Entre más conozcas a tu enemigo y te conozcas a ti mismo y el mercado que atiendes, tienes más probabilidades de éxito».

Para seguir vivo, a veces tengo que cerrar negocios, al mismo tiempo que tengo que abrir negocios. En este mercado, si no estás creciendo al ritmo de la competencia, estás muriendo lentamente, poco a poco quedas fuera del mercado. Hoy puedo decir, con conocimiento de causa, que es más importante vender bien que vender mucho. Vender mucho y hacerlo mal es la muerte porque te estás posicionando mal y tarde o temprano pagarás el precio. Al final, todos somos solucionadores de necesidades. Hay que tener una lectura muy clara de la necesidad que vamos a solucionar y cómo lo vamos a hacer.

#MUSTBE

**Tienes que tener la cabeza fría y tener coraje
para levantarte cuando te caes.**

**«RECOMIENDO QUE SE SUPLEMENTE LA
ESTATUA DE LA LIBERTAD EN LA COSTA
ESTE [DE LOS ESTADOS UNIDOS] CON
UNA ESTATUA DE LA RESPONSABILIDAD
EN LA COSTA OESTE.»**

VIKTOR FRANKL

Las necesidades del hombre y las maneras de satisfacerlas cambian cada día, pero sabemos que durante las próximas décadas alguien estará vendiendo pollos en algún lugar del mundo. Desconozco si serán asados con carbón, con gas, al alto vacío, inyectados o en cápsulas. Tampoco sé qué marcas surgirán o si el modelo de negocio será digital, multinivel, a domicilio o por redes. Pero de lo que sí estoy seguro es de que alguien venderá pollos. Sí estoy seguro de que van a sobrevivir, competir y trascender aquellas empresas que hagan crecer a su gente, cuya mayor diferenciación sea el factor humano, los que estén focalizados a tener clientes contentos y con ello su lealtad, los que reconozcan en la innovación una oportunidad —tecnología, ideas, productos— y los que sepan evolucionar con el mercado y los cambios de consumo.

Todos los días luchamos para estar ahí nosotros y confío en que así será simplemente porque en Pollo Feliz somos mucho más que pollo; somos *activos vivos*. Buscamos ser una fuerza de la naturaleza en lugar de quejarnos del mundo. Es más fácil que nosotros nos adaptemos al entorno a que el entorno se adapte a nosotros, pues tenemos más influencia en nosotros que en lo que no controlamos. La capacidad de manejar las frustraciones es el ingrediente número uno para mantenerse en el camino.

CHECOSLOVAQUIA

CAPÍTULO 7

«EL FRACASO COMIENZA CUANDO TERMINA EL ESFUERZO.»

ANÓNIMO

EL SÍNDROME DEL ORIGEN

La mayoría de las empresas nacen, crecen y mueren; mueren porque se queman, mueren porque cumplen su objetivo, porque fallece el dueño o mueren en los cambios generacionales. Pero la razón principal de su muerte es el estado de confort porque se relajan, dejan de innovar, bajan sus niveles de esfuerzo y llegan emprendedores con ideas nuevas y les ganan el mercado.

Hace 40 años había condiciones técnicas, materiales y financieras a favor y en contra del naciente oficio de vender pollos. La industria avícola en México era joven y poco tecnificada. La mayoría de los competidores eran pequeñas rosticerías regionales con procesos rudimentarios, mal servicio y poca oferta. En muchas pequeñas ciudades del país fue algún miembro de la familia el primero en establecer formalmente un negocio con especialidad en pollos, de cualquier receta o estilo.

#MUSTDO

Si te dedicas a encontrar un producto maravilloso puede ser que no lo encuentres nunca. Si haces bien lo que otros están haciendo mal, ahí hay una oportunidad.

Sí, el pollo asado a la parrilla era un producto maravilloso en un mercado maravilloso, pero también era fácilmente imitable. No es sorpresa que, conforme la familia se desparramaba por todos los rincones del territorio nacional, pronto aparecieran negocios formales e informales allá donde fuéramos y donde todavía no llegábamos. Encima, en 1990 México abrió sus fronteras a las grandes transnacionales del mundo. Esta noticia nos llegó como bomba a todos los pequeños comerciantes del país, especialmente a los dedicados al giro de restaurantes con especialidad en comida rápida. Nosotros no fuimos la excepción.

El mercado mexicano había cambiado notoriamente durante las últimas cinco décadas. Al principio el *factor sorpresa* era la razón de compra más importante, pero al ser el producto fácilmente imitable el reto siempre fue competir con claro y perceptible valor agregado. Los emprendedores que encabezan la marca Pollo Feliz habían encarado con habilidad los retos para adaptarse a los cambios constantes del entorno. El hambre primaria que detonó el compromiso y entrega durante los primeros días había sido sustituida por hambre de trascender, de afiliación, de reconocimiento, de participación. Para lograrlo fue necesario desechar los modelos con los que iniciamos y competir de manera frontal en el mercado abierto. Lo que hicieron los fundadores, hoy ya no es suficiente.

«LOS LAURELES DEL AYER NO GARANTIZAN EL ÉXITO DEL MAÑANA.»

ANÓNIMO

A lo largo de nuestra pulverizada historia ha habido muchos fracasos en el grupo y en la familia por tratar de repetir el modelo de 1975 a pesar de que las condiciones ya no son las mismas. Algunos se resisten y siguen poniendo casetas de lámina de cartón con baja inversión y con la esperanza de vender como se vendió en la universidad de Juárez y Degollado. Muchos siguen creyendo que una idea de negocio que requería poca inversión para alcanzar presencia a nivel nacional sigue siendo lo único que se necesita para prosperar. Eso se acabó. Es a lo que yo llamo el *síndrome de origen*, el cual nos persigue hasta la fecha.

«TRISTE COSA ES NO TENER AMIGOS, PERO MÁS TRISTE ES NO TENER ENEMIGOS, PORQUE QUIEN ENEMIGOS NO TENGA, ES SEÑAL DE QUE NO TIENE: NI TALENTO QUE LE HAGA SOMBRA, NI BIENES QUE SE LE CODICIEN, NI CARÁCTER QUE IMPRESIONE, NI VALOR TEMIDO, NI HONRA DE LA QUE SE MURMURE, NI NINGUNA OTRA COSA BUENA QUE SE LE ENVIDIE.»

BALTASAR GRACIÁN

EL GRAN TEAM BACK DE LOS NOVENTA

Preocupados por la creciente amenaza de la competencia, ahora también internacional, y en un esfuerzo por contrarrestar el inevitable impacto en nuestros negocios, se convocó a todos los egresados con origen en Juárez y Degollado para idear algo que agregara valor y descubrir nuevas ventajas competitivas. Fue casi consecuencia de una necesidad emocional: queríamos hacer un bloque para encarar esa amenaza.

Como describía antes, cada primo, tío, pariente y amigo que pasó por la universidad de Juárez y Degollado se fue a probar fortuna, como yo lo hice, con su propia marca a distintos rincones en el territorio nacional. Sin un plan, sin una estrategia. Sólo teníamos claro el sueño de una mejor calidad de vida y lo que nos había enseñado don Guadalupe, teníamos el hambre como punto de partida. No había muchas alternativas: el pollo funcionaba o funcionaba.

Ese crecimiento exponencial y desordenado, cada quien por su cuenta y como Dios nos dio a entender, nos había colocado como pioneros en el mercado del pollo asado a la parrilla y como un competidor importante, pero pulverizado y endeble. Lo que se hacía en Yucatán difería ampliamente con la manera de operar en Tamaulipas o Nayarit. La experiencia tan local nos daba mucha fuerza por punto de venta, pero era difícil trasladarla a otras regiones del país. Cada dueño conocía muy bien su plaza, su cliente, su gente, sus formas. Cada quien tenía su manera de matar pulgas, había matado muchas y por mucho tiempo, lo que ocasionó que lo único que teníamos en común era la resistencia al cambio.

Esa reunión fue épica. Nos juntamos los dueños de cerca de 200 sucursales. A veces había convivios familiares en los que coincidíamos y nos preguntábamos dónde vivíamos, cómo estaba el ajo y cuánto vendíamos, pero hasta ahí. Nunca nos habíamos juntado todos en un mismo lugar y momento buscando definir un objetivo en común. Fue un choque descubrir la multiplicidad de rostros, marcas, ideas y sueños que ahora tenían los egresados de Juárez y Degollado.

Descubrimos que, como conjunto de empresas familiares, contábamos con las oportunidades que ofrecían los pequeños negocios, pero al unirnos podíamos aspirar a crear sinergias de las que disfrutan los grandes corporativos.

Como pyme familiar, nos encontrábamos abiertos a todas las ideas y fácilmente podíamos ponerlas a prueba sin tener que coincidir con una directriz o un corporativo que viera a todo el país como un mercado único. Tampoco teníamos que gastar en viajar a las oficinas centrales. Lo que no se le ocurría a uno, se le ocurría al otro. No había la burocracia interna o los distintos escalones que una idea tenía que superar para llegar a los tomadores de decisiones para que sólo, una vez aprobada, bajara nuevamente esa escalera hasta por fin ejecutarse. Nuestra autonomía nos volvía muy ágiles para responder a los embates del mercado.

No obstante, uno de los grandes problemas de los negocios familiares es que no hay un sueño único. Por lo tanto, los dueños invierten, crecen, operan y sueñan a su manera. En el Pollo había tantas visiones de mercado y de negocio como sucursales.

Había locales modestos, con poca inversión y cero crecimiento, y dueños que decían: «A mí que me dé para vivir y nada más. Yo no tengo perfil de empresario. Con una parrilla la armo». Sin embargo, llevaban 15 o 20 años vendiendo pollos; algo bueno debían estar haciendo. Así que los incorporamos junto con los que tenían muy cuidada su imagen o grandes inversiones. Al final cada unidad (pollo) que vendas posiciona tu marca y todos teníamos que aprender de la experiencia del otro. El tiempo nos ha demostrado que fue una buena decisión, porque muchos de esos puntos de venta siguen vivos todavía; la inercia del grupo los obligó a crecer y siguen sumando a su modo al liderazgo del grupo. Sin embargo, permanecer aislados, desordenados, sin estrategia, nos habría condenado a desaparecer ante la creciente competencia.

#MUSTDO
**Mientras los hombres sean libres,
nunca serán iguales.**

Por otra parte, pensar en una fusión tradicional que reuniera a los cientos de Pollos del país bajo las mismas normas habría supuesto acabar con el negocio, su cultura y su historia. Los intentos de manejar grandes áreas —más de 30 o 40 sucursales— habían fracasado porque perdíamos el control directo sobre la operación tan *clusterizada* que manejamos. Además, significaría centralizar la administración y las ideas en una sola fuente.

La solución que encontramos es un paso intermedio entre la empresa familiar y un corporativo: una marca que funciona de manera regional con directrices generales a modo de sugerencia y que, al mismo tiempo, refleja el perfil del dueño de cada sucursal. La estructura del negocio se tuvo que adaptar para poder sobrevivir.

Esto conlleva un riesgo porque aplica tanto para lo bueno como para lo malo. Mientras se generan sinergias y nos beneficiamos de un marketing transversal, también enfrentamos inconsistencias en lo operativo, legal, laboral y financiero que pueden representar algunas coyunturas complicadas. Por ejemplo, yo no estoy autorizado para hacerle a otra sucursal una auditoria porque nacimos juntos, caminamos juntos y porque el dueño de ese negocio es otro. Lo bueno es que mantengo el control de mis sucursales y no me limita la visión de los otros dueños. Si alguien quiebra, no me afecta mientras no dañe a la marca.

A pesar de nuestras diferencias, encontramos la manera de unirnos, pero con libertad de operación. Definimos un nombre y una imagen para que el Pollo tuviera el mismo rostro en todo el país. Sumamos esfuerzos para crear alianzas de compras conjuntas que nos dieron ventajas increíbles. Hicimos un trabajo titánico por sistematizar nuestros procesos.

Las convocatorias continuaron y cada vez llegaban menos, quedamos sólo seis sobrevivientes dispuestos a formar un frente común, quienes nos convertimos en los socios fundadores de la marca. También creamos la figura de un presidente que fungiera como el líder y representante de los cientos de negocios que nos reunimos.

Yo fui elegido como el primer presidente de Pollo Feliz y lo fui por mucho tiempo. Había tenido una participación clave en el diseño de la marca, en la parte legal y en la aportación de ideas. Además, había sido de los primeros egresados de Juárez y Degollado, así que tenía cierta antigüedad que me respaldaba. He sido muy influyente en todos los sentidos, como influyente ha sido la participación de mis socios: Salvador Chinchillas Chávez, José de la Rocha Ornelas, Antonio de la Rocha Zazueta, Félix Ulloa Hernández y José Alonso Chinchillas Chávez.

Con el tiempo, la presidencia se ha alternado entre los socios. La idea es que todos ocupen ese rol en algún momento y que tengan la oportunidad de aportar su visión al grupo. El mayor de los requisitos para guiarnos a nuestro destino ha sido conducirse con gran responsabilidad, compromiso y empatía para motivar a la acción. Es clave que un líder logre que las personas hagan lo que él quiere que hagan, pero es más importante que ellas quieran hacerlo.

En ese gran *team back* de los noventa detonamos el crecimiento explosivo gracias a todas estas iniciativas. Algunos dueños sí adoptaron el nombre, pero no los procesos, otros se sumaron a las compras conjuntas, pero no con la marca, incluso hubo uno que otro que hasta puso mal el logotipo. Finalmente, la libertad de operación y autonomía tiene prioridad, y entre nosotros nada se impone. Esto sin duda se convierte tanto en nuestra ventaja competitiva como en nuestra mayor debilidad. Por eso algunos expertos dicen que fue más fácil dividir Checoslovaquia que unir al Pollo Feliz. A pesar de todo estamos orgullosos del modelo de negocio que logramos hacer juntos: la conocida marca Pollo Feliz.

JUNTOS, PERO NO REVUELTOS

Como ya no éramos ni los primeros ni los únicos, tuvimos que llevar un paso más allá nuestra propuesta de valor y atacar varios nichos —espacios de mercado desatendidos que se forman temporalmente a partir de una propuesta muy nueva o en rápido crecimiento que no alcanza a cubrirlo todo; es como el vacío que queda cuando una figura regular se mete dentro de una irregular.

Nosotros no éramos tan grandes como las transnacionales ni éramos ya tan chicos como los parrilleros que se ponen en la esquina, ocupamos una posición intermedia, una especie de sándwich. Entonces ¿cómo podíamos competir hacia abajo y hacia arriba?

#MUSTDO
La competencia hay que verla siempre a la altura de los ojos, si la ves pa'rriba da miedo y te paraliza, y si la ves pa'bajo te llenas de soberbia y también te paraliza.

Hay dos maneras de salir al mercado, con bajos costos o con valor agregado. Como cada uno tiene sus ventajas, diseñamos una estrategia sectorizada por tipo de zona; es decir, diferenciar nuestros puntos de venta según la estratificación socioeconómica de la región donde se ubica. Así, en las áreas de bajos ingresos, establecimos locales exprés con precios bajos y comida para llevar, y en las de mayor poder adquisitivo, donde teníamos que destacar entre los grandes competidores, colocamos restaurantes con estacionamiento e incluso áreas de juegos infantiles. Por otra parte, descubrimos que controlar los gastos variables permitía mejorar el desempeño de las ventas. Era otra gran ventaja: a mayor desplazamiento mayor calidad y posicionamiento.

Sin embargo, tuvimos que pensar en qué otro valor agregado podíamos ofrecer. Entonces decidimos complementar los pollos con otros productos. Tener un menú más amplio nos daba más herramientas para retener a los clientes que sólo ofrecer pollo. Si una persona venía dos o tres veces a nuestro local, con otros productos podíamos aspirar con mayor certeza a que regresara y, sobre todo, que regresara más seguido.

Alguien dijo en la reunión: «Hay que introducir tortillas al menú porque nos dan mexicanidad e identidad. Una tortilla recién hecha vuelve más sabroso al pollo». Fue una de las ideas más valiosas que hemos tenido. Puede parecer algo muy básico y muy pocos entenderán el valor agregado que representan las tortillas hechas a mano en la percepción del cliente de un restaurante de comida rápida.

Ahora imagina que puedes probarlas incluso aunque no nos compres pollo. Ésa fue otra idea genial que se le ocurrió a otro. La mayoría de nuestras compras son del tipo de comida rápida o para llevar, suelen ser a la hora de la comida, cuando los clientes ya tienen hambre y quieren solucionar esa necesidad, probar una tortilla con sal durante la compra es también una experiencia. Sin embargo, hubo quienes simplemente no pensaron que era atractivo hacer esa inversión en equipo y gas para un proceso tan artesanal.

Algo de razón tuvieron, porque controlar la temperatura del comal y mantener la disponibilidad de quien elabora la tortilla a veces vuelve más difícil hacer tortillas sabrosas que cocinar pollos sabrosos. Los componentes del maíz tienen más posibilidad de variación que una pieza de pollo. Sin embargo, es un esfuerzo que ha dado resultados convirtiéndose en el valor agregado más importante de nuestra operación y define nuestra identidad mexicana, muy mexicana.

#MUSTDO

Mantén a tu competencia enfocada en ti, mientras tú te mantienes focalizado en el cliente, y al final te irá bien.

Afortunada o desafortunadamente, todas estas ideas que fueron surgiendo fueron probadas y adoptadas en algunas sucursales, cuyos dueños así lo decidieron, quienes suelen distinguirse por la búsqueda de la mejora continua y por tratar de mantener a sus clientes cautivados. A nuestro público le gusta saber que no nos quedamos quietos y que nuestros productos están en movimiento. Llegan y se van aquellos que no tienen el desplazamiento mínimo. En cambio, mantenemos los que son más populares en nuestra carta, según la plaza. Al final los consumidores son quienes deciden si se quedan o se van. Estamos abriendo brecha para que aquello que funcione se quede para siempre en el menú.

¿Cómo los escogemos? La clave es que vayan en la misma línea con el equipo que tenemos y sean afines al gusto que manejamos. Por ejemplo, en los comales para las tortillas hechas a mano era muy fácil incluir quesadillas sin tener que invertir más que en queso.

A nuestra estrategia de productos complementarios hemos incorporado el desarrollo de empresas satélites. Una de las más importantes es la que produce el marinado del pollo, Alimentaria Mexicana, con la que tenemos la exclusividad de dicho producto. Necesitábamos estandarizar el sabor porque, aunque tuviéramos varios puntos de venta a nivel nacional, el sabor era clave para nuestro producto y había que mantenerlo. De otra manera, ¿cómo controlaríamos que del otro lado del país el marinado tomara otro rumbo? Es importante decir que no es que no podamos modificar el sazón, sino que vimos en la estandarización del sabor una oportunidad.

Como las anteriores, esta iniciativa se presenta como oportunidad para los dueños de sucursales que así lo consideren. Así que cuando un cliente me dice: «Fíjese que me supo mejor el pollo de una ciudad a diferencia de otra», tiene razón. En mis sucursales usamos el mismo proceso, el mismo marinado, el mismo carbón y las mismas parrillas, pero posiblemente otros Pollos lo hagan de otra manera. Éste es un reto que tenemos y sobre el cual no dejamos de trabajar.

#MUSTDO

Pon a tus clientes al centro y entenderás por qué en El Pollo Feliz no tenemos clientes cautivos, luchamos todos los días por tener clientes cautivados.

Pero ¿por qué un pollo se desplaza más que otro? Hay una razón sencilla, independientemente del sabor y la estandarización: cuando llegan clientes a nuestros puntos de venta siempre hay pollo recién asado, no es recalentado ni lleva tres horas en la parrilla ya asado. Con el tiempo hemos monitoreado y construido históricos de consumo —nosotros les llamamos *proyectados*— para saber a qué hora comen nuestros clientes y así programar la producción para tener el producto listo para cuando lleguen. Si bien éste es un esfuerzo que hemos llevado a cabo en mis sucursales, no todos los dueños han llegado a conocer su demanda de manera tan estructurada.

Las empresas satélites nos llevaron también a considerar otro tipo de sinergias para dar mayor fuerza a la marca, lo que yo llamo las *gráficas de compras*, pero que se suelen conocer como *economías de escala*. No es lo mismo comprar para una que para mil sucursales. Si bien no consumimos todos nuestros insumos con una determinada marca, sí contamos con una cartera de proveedores de todos los tamaños para los distintos rostros del Pollo que, en conjunto, nos brindan condiciones comerciales atractivas por el volumen que manejamos. Así, logramos alianzas importantes con proveedores, socios y expertos.

En cuanto al tema de la tecnología, la industria avícola nacional creció como pocas durante los últimos cuarenta años gracias a diferentes factores, pero la tecnificación y modernización de sus procesos sin duda fue clave para su crecimiento. Actualmente es de las más importantes del mundo y México se ha colocado como uno de los principales tanto productores como consumidores.

SEGÚN EL DEPARTAMENTO NORTEAMERICANO DE AGRICULTURA (USDA) EN 2021 MÉXICO:

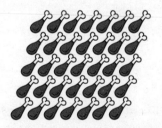

PRODUCIRÍA
3.7 MILLONES
DE TONELADAS DE **CARNE DE POLLO**

CONSUMIRÍA
4.63 MILLONES
DE TONELADAS DE **CARNE DE POLLO**

FUENTE: AVICULTURA. «LA PRODUCCIÓN AVÍCOLA MEXICANA SUBIRÁ EN 2021 AL SER LA PROTEÍNA MÁS POPULAR.» DISPONIBLE EN **HTTPS://AVICULTURA.COM/LA-PRODUCCION-AVICOLA-MEXICANA-SUBIRA-EN-2021-AL-SER-LA-PROTEINA-MAS-POPULAR/.**

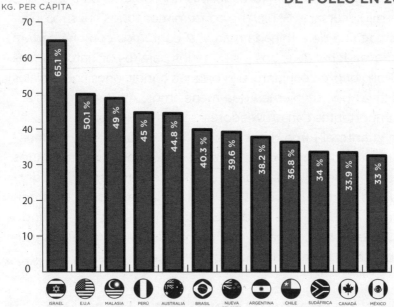

PRINCIPALES PAÍSES CONSUMIDORES DE POLLO EN 2019

KG. PER CÁPITA

FUENTE: UNIÓN NACIONAL DE AVICULTORES (2020).
DISPONIBLE EN HTTPS://UNA.ORG.MX/INDICADORES-ECONOMICOS/.

En ocasiones, los emprendedores más jóvenes que se encuentran sumidos en el mundo de la tecnología pierden la perspectiva respecto a las inversiones en el rubro tecnológico. Si bien los avances en este campo tienen un papel determinante, y de ello hemos sido testigos —entre 20 y 25% de nuestras ventas provienen de las redes sociales y plataformas de *delivery*—, no creo que lo sea todo. Sí, necesitamos un sistema de control, de inventarios, de nómina, de gestión y facturación; nos apoyamos en la tecnología para mejorar la eficiencia de nuestra operación y no podemos prescindir de ella, pero no es nuestro negocio.

ENTRE
20% Y 25%
DE NUESTRAS VENTAS
PROVIENEN DE LAS
REDES SOCIALES
Y PLATAFORMAS
DE *DELIVERY*.

Ahora, tampoco puedo rebasar la tecnología de mi empresa si no cuento con las condiciones esenciales para su adopción. Por ejemplo, debe acompañarse la implementación con capacitación y desarrollo del personal, pues la tecnología del futuro en una mente del pasado sólo genera frustración. Todo tiene que ir en equilibrio y debe haber un plan estratégico hasta para adoptar la herramienta tecnológica más atractiva del mundo.

Dado nuestro giro, necesitamos tecnología probada, no tecnología de punta. Para empezar, no podemos pagar la etapa de investigación e implementación. Nuestro negocio está en el paladar, en lo artesanal. Yo digo que mi producto tiene que darles placer a nuestros clientes en todos los sentidos: gusto, olfato, tacto, vista y oído; pero también al sentido del bolsillo.

#MUSTNOT

Que no te distraigan los espejitos tecnológicos del corazón de tu negocio. Aprende a distinguir el tipo de tecnología que necesitas y úsala a tu favor. Haz un uso estratégico de tus inversiones tecnológicas.

EL POLLO MÁS FELIZ

Un elemento clave para este frente común era reunir toda la diversidad del Pollo bajo una misma identidad. Para ello consultamos a los expertos en *branding*, quienes analizaron a profundidad nuestra diversidad y cultura, y nos dijeron que Pollo Feliz era el nombre con mayor atractivo comercial, con alta retención y que mejor comunicaba nuestro mensaje.

Ya en nuestra filosofía figuraba el elemento de la felicidad: nos esforzábamos por inspirarla en nuestros clientes, y como para hacer feliz a otro debes ser feliz tú primero, también poníamos atención en lograr que nuestra gente se sintiera plena y feliz en el Pollo. Ahora, con esa bandera, se volvía no un valor organizacional ni una estrategia de marketing, sino una misión.

Al mismo tiempo, fueron también los expertos quienes recomendaron resaltar la mexicanidad para diferenciarnos de las empresas extranjeras y ponerles una barrera para evitar que nos imitaran. Entonces decidimos resaltar lo nuestro: sabores, salsas, tortillas, ensaladas, imagen y colores, sazón.

Mucha gente nos pregunta por qué escogimos el nombre Pollo Feliz si asamos pollos. La respuesta que damos es que «están felices de caer en nuestras manos porque los hacemos muy sabrosos». El humor también es una manifestación de la felicidad y no se diga de la mexicanidad.

En el momento en que salió la imagen corporativa con el nombre y logo de Pollo Feliz tuvimos otro problema: mucha gente lo quiso imitar. Colocaban el logotipo y el nombre en cualquier changarro e incluso hemos encontrado competencia que tuvo el desatino de nombrarse El Pollo Infeliz. El lado positivo es que era un nombre tan bueno que pequeños comerciantes querían colgarse de él y decidieron seguirnos.

Con la mayoría unida por un solo nombre y frente a los nuevos retos —grandes marcas de talla internacional luchando por los clientes, mercados más competidos y competiti-vos—, obligado por los cambios en el mercado, el recién for-mado Pollo Feliz detonó así el crecimiento más grande de la historia del negocio. De ser 200 locales, actualmente con-tamos con más de mil sucursales en todos los estados de la República Mexicana, en pueblos tan distantes como San Luis Río Colorado, Sonora o Cosoleacaque, Veracruz. Incluso tenemos presencia en el extranjero y orgullosamente soste-nemos más de 12 mil empleos directos.

Ahora bien, yo creo que el marketing funciona en la medi-da en que hay congruencia entre lo que se dice y lo que se hace. *Creo lo que dices porque veo lo que haces.* Si tú anun-cias que un pollo es muy bueno y no lo es o que la felicidad es tu filosofía y ni los clientes ni los colaboradores disfrutan estar en tus locales, engañas una vez, pero los clientes no vuelven nunca. Entonces viene el desprestigio.

La publicidad y el marketing son excelentes aliados, siem-pre y cuando garantices la operación. Para ello hay que con-siderar una infinidad de variables en la operación porque dependemos de las personas, sobre todo en un negocio de productos artesanales como el nuestro. En Pollo Feliz ne-cesitamos brindar las condiciones a nuestros colaboradores para que puedan concentrarse y llevar a cabo satisfactoria-mente sus tareas. Es una tarea difícil y retadora, sobre todo si gestionas a cerca de 500 personas en tu región. Para con-trarrestarlo tenemos capacitación constante, pero aun así hay fallas. Eso sí, tratamos de que sean las mínimas. Los ries-gos no desaparecen, pero se pueden minimizar si tomas las decisiones adecuadas.

Tras el gran *team back* de los noventa seguimos reunién-donos en convenciones anuales para compartir nuestras ex-periencias, proponer nuevas ideas y seguir disfrutando de la diversidad de un grupo tan sui géneris como lo es Pollo Feliz. Los dueños nunca olvidan lo que representó para ellos encontrar este camino de crecimiento, agradecen a quienes detonaron esta oportunidad, quieren a la marca, buscan trascender, se sienten orgullosos de generar empleos y pagar impuestos, colaboran activamente en el desarrollo de México, conservan los valores que permitieron navegar en los embates del cambio, honran su origen, enaltecen sus diferencias y construyen el camino hacia el sueño mexicano.

JUÁREZ
Y DEGOLLADO 2.0

«SÓLO HAY ALGO PEOR QUE FORMAR A TUS EMPLEADOS Y QUE SE VAYAN. NO FORMARLOS Y QUE SE QUEDEN.»

HENRY FORD

LA FILOSOFÍA DE COMPARTIR

Los empresarios honrados de nuestro país que durante los últimos 50 años fueron capaces de generar empleos, pagar impuestos, permanecer y crecer en el mercado, cuidando las buenas prácticas, son héroes civiles, héroes silenciosos dentro de un sistema donde las empresas tienen muchos retos por afrontar. Sin embargo, ahora el foco debe estar en el desarrollo humano.

Las empresas cuentan con dos tipos de recursos: materiales y humanos. Los primeros son relativamente fáciles de identificar: un producto, un mercado, dinero, activos, transportes, carbón, parrillas, verduras. Si no se cuenta con ello, se puede comprar, se pide prestado, se renta, etc. En cambio, los recursos humanos son mucho más difíciles de detectar: visión, disciplina, liderazgo, empatía, desarrollo, constancia, valores, fe, capacidad negociadora y de desechar ideas que no estén en el camino de crecimiento. La parte humana no se puede mandar por correo, no se le puede tomar fotografía, no se puede comprar. Si no se cuenta con la parte humana, el camino para obtenerla es desarrollarla, y ese proceso nace del deseo de crecer, aprender, superarse y prepararse. Es tarea de los líderes detonar esos deseos.

El pilar más importante son los colaboradores. El oficio de asar y vender pollos a la parrilla exige el máximo a quien lo realiza; es una actividad artesanal donde la apreciación y criterio deben estar presentes todo el día y todos los días. Vender comida significa estar dispuesto a dar placer a todos los sentidos: el pollo debe saber, escucharse, tocarse, verse, olerse; con un solo sentido que dejemos de atender el propósito se desvía.

Hay que trabajar constantemente en el factor humano y hay que estar convencidos de que lo más rentable es invertir en las personas. Cuando tus colaboradores son un factor de diferenciación, tus competidores te tienen que seguir, pero es imposible que te copien porque el desarrollo humano no se puede mandar por fax, no se puede inyectar. Una decisión estratégica como ésta te mete dentro de un círculo virtuoso que se traduce en colaboradores comprometidos.

Quiero desarrollarme en un escenario donde logremos un equilibrio en el que coexistan el máximo valor a las personas y el máximo valor de productividad, porque las personas son las que hacen posibles las cosas y la productividad es lo que nos mantiene juntos.

Es importante entender que tu factor humano está formado por personas con sueños, necesidades y energía, las cuales deben coincidir con los intereses de la empresa. Por ello es clave mantener una comunicación efectiva. La información —los resultados, las inversiones, los objetivos, los reconocimientos, las directrices— debe fluir entre todos. En nuestro caso, revisamos todos los datos con los colaboradores involucrados: recursos humanos, marketing, operación, administración, contabilidad.

Por ello mantenemos los canales de comunicación abiertos en donde es fácil darles solución a conflictos pequeños. Muchos problemas chiquitos se vuelven una bomba de tiempo por pequeños que sean. Incluso todos mis colaboradores tienen mi teléfono; el propósito es mantener un escenario de confianza, de contacto vigente. Cuando se agoten las instancias establecidas, pueden llamarme; tengo el compromiso de atender su llamada. Esto hace una organización chata, dinámica, viva y solidaria. Es mejor mantener una organización amigable, aunque te sorprendan de vez en cuando. Hasta el día de hoy han sido más las sorpresas buenas que malas. Lo que importa es que nuestros colaboradores perciban una empresa en donde son escuchados.

Para que esa relación de confianza y cercanía funcione debe haber reciprocidad. Estamos atentos a no llevar a cabo acciones en perjuicio de los colaboradores, y que los colaboradores no actúen en perjuicio de la empresa. Cualquier tipo de relación debe mantener satisfechas a las dos partes; en una de tipo laboral, ni se diga.

Por ejemplo, en Pollo Feliz no perdonamos el robo. Sustraer un paquete de tortillas implica lo mismo que robar una camioneta, las dos acciones atentan contra la confianza. He tenido que ver colaboradores a los ojos, encararlos y decirles: «Soluciono este problema contigo ahora o tendré problemas con todos. Si yo tolero esto estoy abriendo la puerta a cualquier posibilidad en mi empresa». Soy solidario, pero exijo solidaridad.

Si lo haces bien dentro de mi empresa todos vamos a ganar; gana el cliente, gano yo, pero el que más gana es aquél que adquiere el hábito de hacer las cosas bien, pues ese hábito se quedará en ti a donde quiera que vayas.

Todavía no ha nacido el hombre que le interese y cuide más lo ajeno que lo propio. Yo no pido ni quiero que den prioridad a mis intereses, quiero que cuiden los suyos: su trabajo, su crecimiento, su ingreso, su honradez, su desarrollo. Vamos en el mismo barco y tenemos objetivos en común, todos queremos una empresa exitosa.

LA UNIVERSIDAD DEL EMPRENDEDOR CINCO DÉCADAS DESPUÉS

Esta modesta idea que nace como una alternativa laboral en las calles de Juárez y Degollado en la ciudad de Los Mochis, Sinaloa, no sólo se convirtió en un laboratorio de emprendimiento y sus frutos se expandieron por toda la República, sino que ese mismo espíritu se replicó en la mayoría de las sucursales del Pollo.

Trabajar en Pollo Feliz es una gran oportunidad porque conoces a los clientes y la operación, la inversión que se requiere no es descabellada y tu posible independencia se vuelve una motivación. No es lo mismo que trabajes en una planta armadora automotriz y que al terminar tu relación laboral emprendas la propia. En Pollo Feliz no limitamos los sueños, al contrario, los incentivamos.

El pollo asado a la parrilla tiene muchos nichos de mercado. Si los colaboradores que se independizan no quieren competir directamente con la empresa que los formó, buscarán una plaza donde no esté el Pollo Feliz. Siguen siendo competencia, por supuesto, pero ese mismo espíritu de la universidad de emprendedores de Los Mochis inevitablemente se repite en cada uno de nosotros. La mayoría empezamos este negocio desde la posición de un colaborador; sería egoísta y producto de la ceguera pretender que ese camino sólo lo pudiéramos transitar nosotros.

En Pollo Feliz incentivamos a nuestros colaboradores a que sigan desarrollándose y sueñen. Para ello tenemos programas de alfabetización, primaria, secundaria y preparatoria, validados por el Instituto Nacional para la Educación de los Adultos (INEA). Cuando algunos de nuestros colaboradores se gradúan de preparatoria, la empresa está abierta a apoyarlos para que continúen sus estudios superiores. Este programa es opcional, apoyamos a quien quiere ser apoyado.

Deseamos sentar las bases para los emprendedores del mañana, por lo que necesitamos fomentar en ellos una mente abierta para aprender, innovar, investigar, crecer, adaptarse a los mercados que cada vez son más exigentes, criterio firme para no abandonar el camino que nos dio el éxito, ser creativos, mejorar constantemente y seguir preparando pollos sabrosos... *muy sabrosos*.

HACER EQUIPO

En Pollo Feliz, como en todas las empresas, se necesita trabajar en equipo, porque nadie es experto en todos los departamentos de la empresa, sabemos lo que queremos: clientes satisfechos y con ello su lealtad.

Un equipo es la combinación de distintas habilidades focalizadas en un propósito común. El egoísmo, la mala comunicación, la individualidad, las envidias y la vanidad son obstáculos que debemos vencer para formar un equipo. Vivimos en una sociedad, atendemos a un mercado en donde nadie gana la guerra solo, necesitamos de los demás, no hay equipos de un solo elemento. Hay que tener humildad y objetividad para reconocer lo ajeno, lo que nos cuesta mucho trabajo a los mexicanos porque pareciera que al reconocer las habilidades de otros renunciamos a las propias.

El objetivo en común puede ser tan colectivo como lograr desarrollo para el país o tan particular como alcanzar la rentabilidad de una empresa. Sin una meta no sabríamos hacia dónde caminar. La motivación se da cuando el equipo tiene clara la meta y sabe que está avanzando en esa dirección. El arte de la guerra dice que si no estás apasionado con el objetivo, mejor no vayas.

La comunicación es muy importante en un equipo. Lo que digo, lo que inspiro, lo que transmito, mi imagen, es el vínculo entre los miembros de un equipo y entre ellos y el líder. Todo el equipo debe ser congruente, el líder debe dar confianza, seguridad, motivación y certeza. La información fluye cuando lo que digo y lo que hago se encuentran en armonía, y así podremos cumplir nuestra obligación de vender ideas, satisfacer necesidades, liderar a nuestros equipos, buscar objetivos en común y obtener resultados. La mayoría de la productividad tiene que ver con comunicación.

En muchas empresas los colaboradores están más preocupados por decir lo que el jefe quiere escuchar antes que expresar sus necesidades. Los mexicanos nos enfermamos de tanto que quisiéramos decir y no lo decimos, nos quedamos con esos sentimientos y emociones y nos hacen daño.

Otro síntoma es que muy pocos colaboradores en las distintas empresas de nuestro país tienen equipos referentes que les permitan seguir sus pasos. En mis conferencias siempre pregunto a qué equipo admiran y la respuesta siempre cae en equipos deportivos, rara vez conocen ejemplos de equipos afines a la empresa donde trabajan.

Los Juegos Olímpicos no sólo son un evento deportivo, son el escenario en el que los países muestran su economía, su desarrollo, su salud, su capacidad de trabajar en equipo. Durante los más de cien años que México ha participado en estas justas deportivas, apenas ha ganado una medalla de oro en deportes de conjunto: en futbol en Londres 2012.

Si al terminar de leer este libro te llevas la convicción de comunicarte mejor, te estarás llevando mucho, una herramienta muy valiosa que te servirá para educar a tus hijos, tener clientes contentos, fortalecer tus relaciones, liderar a tus colaboradores.

EL POLLO MÁS ALLÁ DE LA FRONTERA

Los emprendedores de Juárez y Degollado no sólo se desparramaron por todos los estados de la República Mexicana, algunos lograron cruzar fronteras. El espíritu aventurero alcanzó para llegar a Estados Unidos, Guatemala, Costa Rica, Panamá, Colombia, España y China.

Cuando llegamos a vender pollos al mercado de nostalgia en Estados Unidos fuimos muy exitosos. Para nosotros representa una gran oportunidad un público del otro lado del río que añora las tortillas, que conoce las salsas, se le antojan las quesadillas y las flautas. Tengo hermanos con negocios exitosos en El Paso, Texas; primos en Tucson, Arizona; sobrinos en Chicago.

En otras latitudes, mi primo Humberto tiene más de 25 años en la capital de Guatemala. Desde ahí ha intentado posicionar Pollo Brujo en Colombia, Costa Rica, Panamá y El Salvador. Del otro lado del charco, en Madrid se abrió un local con el nombre de Pollo Pueblo. Sólo duró un corto tiempo, pero la experiencia ahí quedó.

Mi cuñado, un alto ejecutivo de Interceramic, empresa muy exitosa en el mercado chino y esposo de la soñadora Theo, al ver un mercado tan pujante, tan grande, tan vivo, tuvo la idea de que pusiéramos una sucursal de Pollo Feliz en Foshan, Cantón, China. Ellos ya tenían cierto camino andado y nos invitaron a que invirtiéramos en ese país.

Mientras mi hijo y mis hermanos estaban ya en China, nos dimos cuenta de que era una cultura gastronómica milenaria ajena a un producto tan diferente a sus sabores tradicionales. Los expertos recomendaron que para posicionar nuestro producto y generar cultura de consumo había que *achinar* la sazón y luego poco a poco *desachinarlo*. La distancia, las leyes, la diferencia de materiales, la interpretación de colores y contenidos nos llevó a terminar haciendo algo muy diferente de la idea original. Decidimos mejor cerrar porque librar este choque cultural representaba mucho tiempo y mucho dinero. ¿A qué íbamos a irnos a *achinar* un producto en un mercado que no conocíamos cuando teníamos mucho por crecer todavía en México?

Las nuevas generaciones tienen una visión global, ya no sólo piensan en México, sino en el mundo. Estoy seguro de que un día habrá descendientes de la Juárez y Degollado en nuevas plazas extranjeras. Ahí tenemos un gran reto que representa grandes oportunidades para las generaciones futuras.

«LOS LOCOS ABREN LOS CAMINOS QUE MÁS TARDE RECORREN LOS SABIOS.»

CARLO DOSSI

Cada vez que se abre la puerta de una empresa es una manifestación de fe: en el producto, en el mercado, en los colaboradores, en las capacidades, en la estrategia, en el futuro, en las autoridades, en la sociedad y en uno mismo. La fe no hace las cosas fáciles, las hace posibles. Quien pierde la esperanza ya no puede perder más porque no sólo pierde un sentimiento, lo atrapa la pasividad. El ingrediente número uno para el éxito es la confianza en sí mismo. El éxito no es casualidad, es consecuencia.

PARTE CUATRO

DEL **ÉXITO EMPRESARIAL**

A LA TRASCENDENCIA

UN NARRADOR
DE HISTORIAS

CAPÍTULO 9

«EL LUJO ES UNA NECESIDAD QUE COMIENZA CUANDO TERMINA LA NECESIDAD.»

COCO CHANEL

HISTORIAS DE TIERRA PERDIDA

Después de unos años de trabajar en Puebla y haber solucionado muchas necesidades de carácter económico, impulsado por una fuerte necesidad de pertenecer, me afilié al Club Rotario Puebla Industrial.

Mi familia estaba lejos, no tenía compañeros de escuela o de trabajo con quienes establecer relaciones. Rotary me ofreció las condiciones adecuadas para hacer amigos, amistades que perduran hasta el día de hoy. En este club también encontré muchas relaciones de carácter empresarial que fueron útiles en el destino de mi negocio. Al ser parte de 1 millón 200 mil rotarios repartidos por el mundo pude satisfacer plenamente la necesidad de socializar y afiliación. Fue una de las decisiones más importantes que he tomado en mi vida, pues para mí representó una oportunidad en mi proceso de transformación.

Rotary es una organización de la sociedad civil que tiene como propósito servir a la sociedad. Ahí encontré mi vocación de servicio, de ayudar a los demás. Me volví el eterno director de la tercera avenida (servicio a la comunidad), al encabezar distintos proyectos. Por ejemplo, en alianza con el gobierno y subvenciones compartidas, llevamos agua a por lo menos cinco comunidades de la mixteca poblana, y seguimos en contacto con ellas. Asimismo, ejecutamos un programa para combatir la desnutrición en la sierra norte de Puebla.

También con la magia de Rotary descubrí al orador que anidaba en mí. Cuando supe que para entrar tenía que presentarme ante 50 personas, casi me infarto. Yo era bueno para platicar con dos o tres personas, pero cuando se amontonaban ya no podía. Prefería que me sacaran una muela sin anestesia antes que tener que hablar en público. El día que tuve que hacerlo para Rotary no dormí, pero lo logré.

Después de esto siguieron tareas dentro del protocolo de Rotary, como presentar a los oradores que impartían conferencias cada semana, formular una pregunta, agradecer al orador, hasta incluso presentar un tema. Con la confianza adquirida empecé a impartir pláticas cortas con algunos grupos de colaboradores de mi empresa y poco a poco me fui sintiendo cómodo en esta actividad de compartir mis ideas hasta que se volvió una pasión.

En una etapa inicial me preguntaba cómo iba a hablar de algo interesante. Un amigo me dijo: «Simplemente sé tú, Arnoldo». Así de simple: si era yo, Arnoldo de la Rocha, lo mínimo que podía ser era ser original, y eso tenía valor. Mis ideas, mi pasado, mis experiencias, todo era valioso y sólo yo podría contarlo. Lo narré de manera personal porque era mi vida.

Me puse nervioso el primer día y me sigo poniendo nervioso muchos años después. Creo que el que no se ponga ansioso no dimensiona el reto, no tiene nada que decir, le perdió el respeto al público o de plano es extraterrestre. Ésta es una actividad que exige adrenalina, compromiso, entrega. En la oratoria te podrás confundir o equivocar, pero nunca dejar de ponerle pasión.

Un día se acercó un maestro de una escuela de negocios y me pidió que le diera a sus alumnos un testimonio de emprendedor, fundamentara lo importante que era esta actividad y los motivara a emprender. Esto me pareció importante, pues implicaba establecer un puente directo entre lo académico o teórico y la vida real. Descubrí que tenía un sinfín de experiencias del medio empresarial y que mi visión de empresario era muy valiosa para los jóvenes y para la sociedad. Lo sentí como una obligación y acepté esta plática sin saber qué reacción provocaría en los jóvenes.

Con el correr del tiempo, dadas las solicitudes de diversos foros con públicos cada vez más grandes, hice de esta noble actividad una segunda profesión, y con ello el compromiso de prepararme. Aprendí a hablar en público, técnicas para recordar la estructura del discurso, cómo leer a la audiencia y qué esperar de ella. Encontré en la congruencia el ingrediente clave para transmitir un mensaje, pues si lo que dices, lo que transmites y lo que haces no empatan, tu testimonio pierde fuerza. Tienes que ganarte el estrado con responsabilidad, preparación y conocimiento.

Ésta es una actividad retadora porque ninguna plática es igual a otra. Los públicos son distintos, reaccionan de manera diferente, me solicitan distintos mensajes. Todo esto obliga a hacer una lectura correcta para lograr la reacción deseada. A lo largo de los años en el mundo de la oratoria he vivido todo tipo de experiencias: en algunas termino entre aplausos y en otras a la mitad me pregunto por dónde me bajo.

Incursioné también en distintos programas de radio, brevemente en la televisión y escribí para algunas revistas. Más tarde decidí escribir relatos cortos de la tierra donde nací, vistos desde los ojos de quien ahí nació, vivió y creció; historias que rescatan costumbres de una sociedad casi extinta en el país. Retratan un México que tuvo una participación importante para ser lo que somos como sociedad, un México que abandonó el campo con destino a la ciudad, que se forja en el campo, que se convierte en una bisagra entre un México nostálgico que desapareció y el México que hoy vivimos.

Hoy sé que para escribir tienes que leer, y eso hice. Leí literatura clásica, ensayos, historia, biografías, sobre negocios, entre otros temas. Los libros que más me han influido son: *El hombre en busca de sentido*, de Viktor Frankl; *Pedro Páramo* y *El Llano en llamas*, de Juan Rulfo; *La sierra y el viento*, de Gerardo Cornejo; *El arte de la guerra*, de Sun Tzu, y *Como un hombre piensa así es su vida*, de James Allen, entre muchos otros.

Una vez que tuve corregidas e impresas mis historias, me acerqué con muchas editoriales, pero ninguna se interesó. Así que con recursos propios imprimí mis libros *Tierra perdida*, *Amores de tierra perdida* y *Caminos de tierra perdida*. Cuando presenté mis libros, me sorprendió ver que a las personas les gustaban más las historias contadas por mí, que leídas por ellas. En una presentación alguien me dijo: «Don Arnoldo, es usted mejor orador que escritor». Sin buscarlo, me había convertido en un cuentacuentos.

Con cierto camino andado, al terminar una conferencia en la Ciudad de México, uno de los invitados me dijo: «Oiga, yo tengo un despacho de conferencistas. Me dedico a promover, a facturar y a operar conferencias en el país. Me gustaría que la plática que he escuchado de usted fuera parte del menú que ofrezco». «Qué bueno que me lo dice ya que terminó la plática, porque me hubiera puesto muy nervioso», le respondí. Con ellos consolidé mi carrera como conferencista, y al día de hoy he compartido mis experiencias con algunas de las empresas y universidades más importantes del país y del extranjero. Como orador, muchas puertas se me han abierto.

#MUSTBE

Las oportunidades nos rodean todo el tiempo. Hay que ser receptivos para identificarlas y aprovecharlas.

Mi mayor motivación es compartir herramientas que marquen una diferencia en los distintos proyectos que nos ocupan en la vida, sean de orden familiar, laboral, empresarial, afectivos, sociales o personales. Si yo hubiera escuchado a alguien con estos conceptos en mi juventud, en mis inicios como empresario, me habría servido mucho, le hubiera preguntado muchas cosas y me habría acortado el camino. En cambio, lo tuve que descubrir solo y me llevó mucho tiempo. Escuchar a las personas adecuadas en los momentos adecuados y preguntar lo necesario ayuda a recortar el proceso.

Nunca contemplé ser un narrador de historias. Esto no estaba considerado el día que salí de Zarupa. Definitivamente, cuando estás involucrado en necesidades de carácter primario, es difícil explotar otros talentos como la danza, la oratoria, la poesía, la escritura, porque no existen las condiciones propias para ello. A veces el talento existe, pero son pocas las oportunidades de detonarlo y mostrarlo. Cuántos artistas yacen en los panteones por no haber tenido las condiciones para mostrar su talento. Yo primero tuve que vender muchos pollos y matar el hambre para pensar en la escritura, la oratoria y el senderismo.

«NO HAY VIENTO FAVORABLE PARA EL BARCO QUE NO SABE ADÓNDE VA.»

SÉNECA

TESTIMONIO EMPRENDEDOR

Vivimos en un país en el que, si creemos que se puede, se puede, si creemos que no se puede, también estamos en lo cierto, pero creer te lleva a la acción. Para abrir un negocio se necesita fe.

México necesita emprendedores por una razón muy importante: no hay empleos suficientes, y los pocos que hay son mal pagados. Nuestro país necesita generar por año millones de oportunidades laborales para solucionar el rezago y dar empleo a los jóvenes que se incorporan al escenario laboral.

En los mejores años hemos generado una buena cantidad de empleos, pero a veces también los perdemos. Ni se diga a partir de la pandemia. En consecuencia, los miles de jóvenes que buscan empleo no lo encuentran o tienen que emigrar a Estados Unidos. Entonces, por un lado, los que sí trabajamos tenemos que mantenerlos, y, por otro, se van al comercio informal o ilegal, o se alistan en las filas de la delincuencia. Son miles de jóvenes llenos de energía, con ilusiones, sueños, deseos de hacer algo en la vida. Dejarlos quietos en sus casas, sin hacer nada, sin crecer, es fabricar bombas de tiempo que pueden estallar en cualquier momento. *En la casa donde vive el ocio pone su oficina el diablo.*

Para cambiar este escenario adverso necesitamos que las empresas que existen en nuestro país permanezcan, crezcan y trasciendan. Se requiere también Estado de derecho, paz social y reglas claras para que lleguen las inversiones de otros países a apoyar en la generación de empleos de calidad. Pero no son suficientes, hay que promover el emprendimiento entre los jóvenes, principalmente en aquéllos que tuvieron el apoyo de sus familias, del gobierno, para cursar una carrera universitaria; jóvenes que tienen conocimientos académicos y técnicos, pero también ganas y sueños. Necesitamos que salgan a ponerse al frente de sus propios proyectos, que se ocupen y ocupen a otros, que no sólo salgan a competir por los pocos empleos, sino a generarlos. En la medida en que empoderemos a los jóvenes y los convirtamos en agentes creadores de oportunidades laborales bien pagadas, reales y sostenibles, podremos salir adelante. México necesita de hombres y mujeres valientes, dispuestos a liderar proyectos que generen riqueza y, sobre todo, ofertas de trabajo honrado.

A los empresarios responsables nos gusta participar con los jóvenes, compartir nuestras experiencias para acortarles el camino en sus proyectos, pero ellos deben tener claro a dónde van, cuáles son sus sueños, cuál es su plan, si conocen sus fuerzas, su mercado, su competencia. A ellos les recomiendo escribir, consensar, ritualizar, preguntar y comprometerse con sus proyectos.

Una pregunta inteligente es la mitad de la respuesta. Para mí es muy fácil decirle a un joven por dónde va el camino si él sabe a dónde va. Si me pregunta cómo llegar a Acapulco, yo le indico el camino, pero si me pregunta qué pueblo le recomiendo, no sabría qué decirle, pues no sé si le gustan los camarones o las chalupas. Saber qué es lo que quieres te da la posibilidad de hacer preguntas útiles.

Comparto con pasión mis experiencias de éxito y fracaso con los jóvenes, con la esperanza de que atrapen algunas de estas ideas, las hagan suyas y las conviertan en herramientas. Con mi testimonio busco comunicar un futuro promisorio en el que confíen en que las cosas se pueden lograr; de lo contrario, no tendría sentido invitarlos a emprender. Yo inicié mi negocio hace casi cinco décadas con una inversión de 18 mil pesos. Hoy es una empresa importante para mí, para México, por eso sé que se puede.

Sea lo que sea lo que sueñes, aviéntate, el hombre nunca sabe de lo que es capaz hasta que no lo intenta, el atrevimiento posee poder y magia. Nunca sabes qué tan fuerte eres hasta que la fuerza es la única opción. Sin embargo, una vez sobre la marcha tienes que comprometerte, apasionarte, entregarte, focalizarte. Si quieres hacer un agujero en una pared y das martillazos por todos lados, tardarás años en lograrlo. En cambio, si das todos los golpes en un mismo lugar, reducirás significativamente el tiempo. Eso es estar focalizado.

No te olvides de la empresa y la empresa no se olvidará de ti. Después de la inversión inicial síguele invirtiendo y cada día estarás más orgulloso de lo que construiste, ahí detonas el círculo de la abundancia, si la quiero, le invierto; si le invierto, me da más. Los negocios están vivos, sienten, se entristecen, se enojan, nos dan la espalda, detectan nuestro amor y responden cuando nos entregamos. Si vemos la empresa sólo como una fuente proveedora y dejamos de invertirle, tarde o temprano se agota.

#BUSINESSTIP

Inviértele a tu negocio hasta que vomite utilidades.

La verdadera alegría de la vida es luchar por un propósito considerado por nosotros importante, por las cosas que amamos. El hombre no puede desarrollar su personalidad si no está dispuesto a luchar, a darlo todo. Define cuáles son las diez cosas más importantes en tu vida, comprométete a luchar por ellas. Incluye a México dentro de estas prioridades.

> **«LOS DOS DÍAS MÁS IMPORTANTES DE TU VIDA SON EL DÍA EN QUE NACES Y EL DÍA EN QUE DESCUBRES POR QUÉ.»**
>
> **MARK TWAIN**

MÉXICO, CREO EN TI... Y SI NO CREYERA, MI CORAZÓN ME LO GRITARA

Era el invierno de 1992. El gobierno ruso decidió incentivar el turismo por aquellas tierras proporcionando viajes a muy bajos costos. Ésa fue mi gran oportunidad de conocer Europa. Mientras visitábamos la catedral de San Basilio, en Moscú, coincidimos con un grupo de estudiantes de un colegio suizo, entre los que había dos mexicanas, a quienes, como compatriotas, quisimos saludar. Se escondieron, como Judas, nos negaron. Habíamos llegado a Rusia por caminos diferentes, pero no teníamos nada en común, no teníamos el mismo amor por México y por los mexicanos. El mayor enlace de unión entre los mexicanos debe ser el amor por nuestra bendita tierra, compartir el orgullo de ser mexicanos.

¿Qué tienen en común los habitantes de países vanguardistas? Los suizos aman Suiza; los japoneses, Japón; los ingleses, Inglaterra; a nosotros nos corresponde amar a México y colaborar todos los días de nuestra vida en su construcción.

No podemos renegar del país que tenemos porque aquí nacimos, aquí vivimos, aquí pensamos morirnos; hay que mantener el equilibrio entre el espíritu, el alma, el cuerpo y la tierra que pisamos. En México hay mucho sol y poca agua, ¿eso es bueno o malo? Eso es lo que tenemos y lo que tenemos que transformar.

Muchas veces me han preguntado por qué no doy difusión a consumir lo mexicano. Mi respuesta siempre es la misma: para querer consumir lo mexicano, tenemos que hacer bien lo mexicano. Cuando estemos en igualdad de circunstancias —precio, calidad, imagen, garantía— la mexicanidad nos alcanzará para elegir lo nuestro. Será una consecuencia natural. Mi invitación es a hacer bien lo mexicano.

Cuando asistí por primera vez a la escuela a los 11 años, estudié en los libros de texto la historia de México. Vi un mapa de nuestro país y escuché decir que México era el cuerno de la abundancia. Lo pintaban como una bolsa llena de frutas, verduras y riquezas que sólo había que recolectar y repartir. Cincuenta años después sigo sin entender a quién se le ocurrió mandar este mensaje relajante de confort, de abundancia; de lo fácil, gratis, rápido; de servirse en lugar de servir, cuando lo que más necesitaba y necesita nuestro país es la cultura del esfuerzo, de entrega, compromiso, amor por la tierra, orden y trabajo. Es cierto que México tiene una gran diversidad de climas, recursos naturales, flora y fauna, pero hay que saber dónde están, cómo están, de quién son, de qué tamaño son, para cuántos alcanza, qué se puede hacer, cómo están distribuidos.

¿Cómo aprovechar toda esta riqueza? La respuesta es muy sencilla: ¡trabajando! La diferencia entre el cuerno de la abundancia y el poner los recursos naturales y humanos privilegiados con los que contamos al servicio de lo que nos importa, de lo que amamos, con el fin de salir adelante, está en trabajar, competir, ordenar, visualizar.

Creo que el amor por México hará la diferencia entre el México que queremos y el que tenemos, pero para quererlo necesitamos conocerlo, entenderlo. Sin embargo, no es suficiente; necesitamos amarlo, y para amarlo necesitamos participar en su construcción. No podemos amar aquello que sentimos ajeno, que no tenemos nada que ver con su existencia. Abandonemos la parasitaria tribuna y pasemos a ser protagonistas activos, comprometidos, que se note el amor por nuestra tierra, se trata de que juntos, ricos, pobres, políticos, estudiantes, apuntemos en una sola dirección: México. No es necesario que des la vida amarrado a una bandera, haz lo que puedas con lo que tengas, ahí en donde estés, y México será mejor. Del bien social emerge el bien individual.

Tal vez mañana tengamos que sentarnos frente a nuestros hijos para decirles que luchamos incansablemente para hacer un México mejor y que fuimos derrotados en este intento. Pero no podremos verlos a los ojos y decirles que viven como viven porque nunca nos atrevimos a hacer nada. Soy de la generación de mexicanos que piensa en construir un México diferente al que heredó, y quiero contagiar a las siguientes generaciones para que participen en esta tarea. Sólo tenemos una vida para este propósito, pero cuando lo hacemos bien, con una es suficiente. Por ello mis conferencias, así como mis libros y mis acciones, tienen el propósito de generar una reacción de amor por México.

«EL SECRETO DE LA EXISTENCIA HUMANA NO SÓLO ESTÁ EN VIVIR, SINO TAMBIÉN EN SABER PARA QUÉ SE VIVE.»

FIÓDOR DOSTOIEVSKI

No puede ser que tengamos una sociedad dividida, un México que se confronta, pero no aporta; un México victimizado que afirma que los pobres son pobres porque son flojos y que los ricos lo son porque son explotadores; que los ricos son malos y los pobres buenos. Cuando más ha perdido nuestro país es cuando se ha dividido.

Hay que reconocer que la pobreza tiene sus raíces en el sistema económico que beneficia a unos cuantos, pero eso no significa que no haya caminos de desarrollo, aunque escasos y de difícil acceso. Por ello el Estado —con salud, seguridad, educación, Estado de derecho— y la clase alta —con sus recursos, empleo digno, oportunidades y mucho trabajo de responsabilidad social— tienen el poder, pueden y deben trabajar para abrir y ensanchar esos caminos.

Los cambios sociales se dan por los que tienen el poder político, militar o económico, y las responsabilidades entre los mexicanos no son las mismas: no se puede comparar la responsabilidad para con México y su transformación de un empresario poderoso, del gobierno, con la de un campesino que no sabe leer ni escribir. Todo debe verse con la lente de la desigualdad que impera en el país.

Las clases favorecidas tienen que entender que su condición les asigna una mayor responsabilidad para con la sociedad. Ayudar a los demás no es una invitación, sino una obligación moral. Hay mexicanos que no saben que no saben, tampoco quieren saber, se les olvida que hay un México que atender. El confort que da tenerlo todo puede cegar a las conciencias y es fácil caer en ver a los desfavorecidos como una masa a manipular. La filantropía no sólo es generosidad, es amor por el hombre.

Por su parte, las clases trabajadoras tampoco pueden hacer apología de la pobreza, que sólo lograría institucionalizarla, haciéndola un estilo de vida. Contra la pobreza hay que revelarse responsablemente con un pensamiento diferente, acciones diferentes, visón diferente, emociones diferentes, deseos diferentes, y así saldremos adelante. Esto lo digo con conocimiento de causa, pasé años padeciendo este mal y parecía que éste sería mi destino, pero me revelé, hice frente a la pobreza y encontré un futuro mejor. Yo no tengo la culpa de nacer pobre, pero de morir pobre sí soy corresponsable.

Necesitamos caminar unidos en una misma dirección con un compromiso recíproco. Para lograrlo, todos tenemos que deshacernos de la comodidad que nos da el espacio socioeconómico que ocupamos y empezar a derribar las fronteras entre nosotros para alcanzar la verdadera colaboración. Ningún hombre debe hacer por otro hombre lo que es obligación que ese hombre haga por sí mismo.

> **«MÉXICO, CREO EN TI PORQUE ERES MÍO, MÉXICO, CREO EN TI PORQUE AQUÍ ESTÁ TODO LO QUE YO AMO, MÉXICO, CREO EN TI, Y SI NO CREYERA MI CORAZÓN ME LO GRITARA.»**
>
> **RICARDO LÓPEZ MÉNDEZ**

OBSESIVO AMOR POR EL DINERO

Hace muchos años, cuando mis hijos iban a la secundaria, una mañana, desayunando en mi casa con mi familia, de pronto se acercó mi hija Alejandra y me dijo que necesitaba que le comprara unos tenis rosas de una marca cara. «Ah, caray, ¿quieres saltar más alto o correr más rápido? Ahí tienes tenis de varias marcas y colores». «No, papá, necesito que me compres los tenis rosas». Temblaba mi hija por la necesidad de adquirir aquel bien material, estaba totalmente poseída, fuera de sí por la necesidad de ponerse a la moda. Al verla totalmente enajenada por tener en sus manos aquellos zapatos, volteé a ver a su mamá buscando apoyo para juntos dar una rotunda negativa. Ella me vio directamente a los ojos muy seria, y cuando mi esposa me ve directamente a los ojos muy seria se pone especialmente peligrosa, muy peligrosa. Me quedó claro que teníamos que salir a comprar los tenis rosas de la marca exigida.

Iniciamos un peregrinar por las tiendas de Puebla, cada vez que llegábamos a un almacén y en el inventario no había su número, le dábamos la noticia a mi hija y ella soltaba un llanto como si en ese momento le informaran que había muerto su abuela. De ese tamaño era su obsesión. Otra tienda y otra abuela y otro llanto y otra tienda y otra abuela y otro... hasta que, por fin, a eso de las ocho de la noche encontramos los dichosos tenis. Se los puso, se vio en el espejo y fue inmensamente feliz ¡dos segundos y medio! Inmediatamente después volteó a ver el aparador para descubrir cuáles tenis se pondrían de moda y ganarles a las amigas que la habían apantallado.

No podía creerlo. A mi mente vino de golpe la ilusión con la que recibí los Duramil y lo rápido que también se convirtieron en un tormento. Ahora, muchos años después, ya no en la sierra sino en Puebla, como parte de una clase media me reencuentro con la misma escena: una niña de ocho años está obsesionada por unos zapatos.

Este mundo consumista, mercantilista, enajenante, en donde somos bombardeados permanentemente, nos lleva a darle mucho valor a lo material, a lo desechable, vendiéndonos la idea de que ahí está nuestra felicidad. Yo fui feliz sin saber que era pobre, en el mundo donde viví de niño había necesidades, y muchas, todos teníamos que trabajar para aportar y poder vivir. El que diga que el dinero es la felicidad, lo único que deja claro es que no tiene dinero.

Es natural que intentemos dar a nuestros hijos lo que no tuvimos, pero olvidamos darles lo que sí tuvimos: responsabilidades, calor de hogar, plataforma familiar, tiempo, cariño y amor. Hay otras culturas en el mundo, sobre todo en países desarrollados, en las que se entiende con claridad que los hijos necesitan de la cultura del esfuerzo. Si el hijo no tiene hambre es obligación de los padres generársela, mandándolo a trabajar fuera del clan familiar, con servicio social, sensibilizándolo a conocer el valor de las cosas.

Quiero dejar claro que no es lo mismo *esfuerzo* que *sacrificio*. El segundo es dolor y derrota sin frutos. En cambio, el primero constituye una lucha que trae como recompensa el progreso, la paz, el desarrollo, la esperanza, la equidad, pero debe realizarse con un propósito, gusto, alegría y amor.

Nuestro compromiso más grande con Dios, con la familia y con la humanidad es formar a nuestros hijos, no sólo ser sus proveedores. Muchas veces nos preguntamos qué México vamos a dejar a nuestros hijos. ¿Por qué no preguntarnos también qué hijos le vamos a dejar a México? El camino para hacer un mejor México es formando mejores mexicanos, pero con el dinero como prioridad no será posible. En cambio, sí se puede lograr con la cultura del esfuerzo.

Ocurre algo muy similar con muchas empresas mexicanas: el único objetivo es ganar dinero. Capacitan a su personal con el único fin de aumentar su productividad y, en consecuencia, generar más utilidades; son muy pocas las que se preocupan por formar mejores personas al mismo tiempo que buscan la productividad de la empresa. Vivimos en una sociedad en donde con frecuencia estamos más preocupados por las cosas que hacen los hombres, que por los hombres que hacen las cosas, y nunca lo que importa más debe estar a merced de lo que importa menos.

Hoy más que nunca México necesita recursos materiales y humanos; más dinero en manos de mejores personas. Sería un error ponerse romántico cuando urgen recursos, pero tener el dinero como único propósito en la vida sin duda alguna nos aleja de otras cosas igualmente importantes: salud, amor, amistad, familia, sociedad, las cuales nos llevan al equilibrio.

«LA VIDA ES COMO MONTAR EN BICICLETA, PARA MANTENER EL EQUILIBRIO HAY QUE SEGUIR PEDALEANDO.»

ALBERT EINSTEIN

Manifestaciones lamentables de ese obsesivo amor por el dinero sobran por todas partes. Empresarios que lucran con las necesidades básicas de la población, y que una vez que acumulan utilidades descomunales se las llevan a pasear por el mundo a especular en los mercados más rentables y seguros, olvidándose de la sociedad que se las dio, de quienes les ayudaron a lograr esa riqueza, del compromiso que supone esa riqueza, ¡obsesivo amor por el dinero! Obreros que dejan su trabajo para salir a delinquir con el dolor ajeno, ¡obsesivo amor por el dinero! Los políticos corruptos emanados de una sociedad mercantilista con más amor por el saldo en sus chequeras que el deseo de servir, olvidándose de aquéllos que confiaron en ellos, ¡obsesivo amor por el dinero! Los falsos predicadores que hacen de Dios mercancía de fácil cambio, ¡obsesivo amor por el dinero! Los jueces que hacen de la justicia un bien que se puede comprar, ¡obsesivo amor por el dinero!

Aquél que pone en riesgo a su familia por conseguir dinero está arriesgando demasiado.

A quien sacrifica su salud para conseguir dinero le sale demasiado caro.

El que pone el dinero en sustitución de Dios, en su vida imperarán las necesidades.

PASEMOS A LA ACCIÓN

Las conferencias surgieron para generar conciencia con la fuerza que da el testimonio. Son consecuencia de una fuerte misión social que fui descubriendo a lo largo de los años, en ese camino que me llevó de ser un joven campesino con educación básica y sorteando problemas de una vida compleja, a un empresario consciente de la realidad en la que se desempeña y comprometido con aportar un grano de arena en la mejora de la calidad de vida de los mexicanos.

Sin embargo, aunque las conferencias ya tienen un contenido cívico, empresarial y humano, también las imparto y las quiero seguir compartiendo en apoyo a causas sociales, a organizaciones civiles que con su trabajo aportan a la construcción de un México mejor. Yo ofrezco mis conferencias en una sinergia con estas asociaciones. Es importante para mí asegurarme de que *no vaya a salir más caro el caldo que las albóndigas*, que la organización del evento no salga más cara que la recaudación, y conocer el destino de los recursos es indispensable, pues al final es lo que vende las entradas.

En estos casos hacemos *chuza* al generar conciencia, invitar al público a participar y difundir el proyecto de la asociación civil en cuestión; asimismo, apoyamos la causa y también brindamos entretenimiento educativo. Al año doy por lo menos 30 conferencias con este esquema y con este fin. Para mí lo importante es participar.

Dejo la puerta abierta para que las personas que tengan una causa noble y un plan de acción sepan que pueden acercarse a mí y que recibirán apoyo. La vigencia de estas conferencias en apoyo a organizaciones sociales es hasta que pueda.

Cuando una empresa logra bienestar para sus accionistas, colaboradores, clientes y comunidad también está impactando a su entorno, generando empleo, pagando impuestos, creando oportunidades. Pero no es suficiente, tiene que salir a apoyar otro tipo de proyectos que den respuesta al compromiso social que tiene la empresa.

Hay emprendedores que ven estas acciones como un gasto y se resisten a compartir las utilidades con la comunidad. Sin embargo, desde el lado frío —hay que decirlo— las acciones de responsabilidad social tienen un beneficio intangible para la empresa que también es capitalizable, pues la posicionan también de una manera muy conveniente. Cuando tienes que escoger entre dos empresas y una de ellas está haciendo un servicio social visible, honrado e influyente, es factor de decisión de compra.

El dinero que se destina a la filantropía nunca va a quebrar un negocio porque lo destinas cuando lo puedes hacer, alineado con la misión social de la empresa. Es un *gasto* calculado. Para poder combinar rentabilidad y responsabilidad social es necesario dirigir todos los recursos humanos y materiales al objetivo principal de cualquier compañía, que debe ser crear bienestar equilibrado entre clientes, accionistas, colaboradores y comunidad. Todos los negocios socialmente comprometidos tienen alma, sensibilidad y espíritu de servicio, características que nunca deben perderse.

EL CASO IPADE

Muchos años después de ya no cuidar chivas, de haberme ganado el apodo de Psicodélico, terminar sexto año de primaria en la sierra, dejar atrás Topolobampo y dimensionar claramente la gran oportunidad que me dio el destino de formar una empresa, regresé a las aulas. Estudié administración de empresas, tomé distintos cursos gerenciales, diplomados y talleres y realicé muchas lecturas sobre negocios.

Pasaron los años y las conferencias nuevamente me regresaron a las aulas, en los años dorados de mi vida. En esta ocasión, al programa AD2, Alta Dirección de Empresas, del IPADE, pues particularmente me interesaba preparar la sucesión para quien estuviera al frente de mi empresa.

Como ya era costumbre, opuse una gran resistencia a la invitación de mis amigos a inscribirme en dicho posgrado. Cuando parecía que me libraba del compromiso, convencieron a mi esposa de lo bueno que pudiera ser para mí, para la familia y para mi empresa, así que todos unieron fuerzas —mi esposa, mis hijos y mis amigos— y me cerraron las vías de escape. Terminé siendo parte de la primera generación del IPADE en Puebla.

Tomé el programa con la responsabilidad que ameritaba. Leí y analicé con cuidado cada uno de los diferentes casos; opiné, propuse y defendí mi postura; compartí, pregunté y contesté lo que me preguntaron. Al final sin duda alguna valió la pena.

Pasado cierto tiempo de dejar el salón de clase, se acercaron nuevamente para proponerme hacer de mi trayectoria un caso IPADE, por lo particular de mi recorrido del campo a la ciudad. Así que parte de mi historia apareció en el «3 Caso FH000, 2015 Instituto Panamericano de Alta Dirección de Empresa (IPADE) del campo a la ciudad» y asistí a cada una de las sedes del IPADE en donde se presentó el caso. Por ser una de las escuelas de negocios más importantes y reconocidas en México y el mundo, es para mí un honor ser caso IPADE, me siento orgulloso de haber participado.

VUELTA
AL ORIGEN

CAPÍTULO 10

Hubo un momento en mi vida en que pensé en decir que había nacido en San Martín Texmelucan, Puebla, y cambiar mi historia, pero descubrí que todo lo que había hacia atrás era una oportunidad. He recorrido muchos caminos desde el día que dejé el pueblo de mi pubertad, pero nunca he podido olvidar los bailes de fin de semana o las noches frías esperando la salida del último turno del secante de madera.

Los días fueron pasando y amontonados se hicieron meses; los meses, uno arriba del otro, se convirtieron en años; los años arremolinados formaron décadas; las décadas, como lozas de concreto, fueron cayendo sobre mis hombros hasta completar casi cinco décadas desde que dejé el pueblo de Las Palomas. Durante todo ese tiempo anduve por muchos caminos y en ellos aparecieron nuevos *terroristas psicológicos*, distintos compromisos, importantes retos, pero ninguna etapa de mi vida me marcó tanto como aquellos años de adolescente. Ahí se forjaron mis sueños, ahí definí mucho de lo que sería. La adolescencia es esa maravillosa edad cuando cosechamos frutos de árboles que todavía no plantamos. La nostalgia y sólo la nostalgia me hizo regresar a la sierra.

EL OCTAVO PASAJERO

Por muchos años, el único medio de transporte motorizado eran avionetas que aterrizaban en pequeñas y peligrosas pistas en los llanos entre las montañas. Compañías aéreas regionales desarrollaron una logística propia y establecieron rutas para recoger a sus pasajeros desparramados por todas las pequeñas pistas de tierra apenas perceptibles en la inmensidad de la sierra. Todos los días por la madrugada partían avionetas de Guachochic, Guamúchil, Guasave, Los Mochis, Parral, Chihuahua y otras ciudades cercanas para cubrir las rutas establecidas.

Los pasajeros asistían a los campos de aterrizaje más cercanos a esperar una avioneta. Cuando ésta sobrevolaba las pistas, los lugareños interesados utilizaban distintos métodos para llamar la atención y que el avión bajara. Las más comunes eran hacer brillar un pequeño espejo contra la luz del sol, agitar un sombrero, ondear una cobija o simplemente pegar brincos por todos lados. Bajando la avioneta se negociaba con el piloto las condiciones, destino y costo del viaje.

Polvosos e inciertos caminos me ausentaron por largo tiempo de mi tierra. Muy lejos había quedado aquella trágica tarde de abril de 1974 cuando en contra de mi voluntad me bajaron de la sierra a la costa sinaloense, igualito que a Benjamín Argumedo: *todoliadocomouncuete*. Tenía tiempo viviendo tranquilamente en el sureste de México cuando se me ocurrió hacer turismo en la sierra de Chihuahua, cuando las cosas estaban más peligrosas que nunca. Una mezcla de aventura combinada con el enorme cariño por las escarpadas montañas de Chihuahua y el deseo de escapar del mostrador y los clientes a los que siempre hay que dar la razón con una sonrisa me hicieron volver al rancho donde nací.

En un vuelo comercial me trasladé de la Ciudad de México a la capital de Chihuahua y luego en una pequeña línea aérea local solicité los servicios de ruta Chihuahua-Zarupa, Zarupa-Chihuahua en una avioneta para ocho pasajeros. La ilusión de volver me hizo un vacío en el estómago como si fuera llegando a un baile de aquéllos donde tocaban los músicos de Recubichi algunos años atrás, cuando era un buki tempranío aprendiz de alesnío que descubría con alegría que a las mujeres les gustábamos los hombres.

Desafiar los aires de Chihuahua significa para mí volver a vivir las emociones de antaño: jinetear una avioneta en los llanos de Santa Isabel, prenderse del cinturón de seguridad como si fuera arriba de un toro prendido del pretal, cruzar la Sinforosa y apreciar sus arrecifes y cascadas, sentir el jalón provocado por el vacío del barranco del Realito al cruzar el cerro de Guirichiqui y ver desde el aire cómo corren los coyotes que comen chapules y cachoras en los llanos.

Cuando llegué a Zarupa estaba el rancho completamente solo. Yo iba a la casa de mi tío Nacho, el único que se quedó a vivir en la sierra después de los años de crisis y quien por esos días se ganaba la vida ordeñando sus vacas en el barranco a más de tres horas de Zarupa. Me trasladé a pie hasta ese rancho de invierno, donde permanecí por más de quince días.

No hubo un solo día que no pasara un grupo de bravos y hambreados soldados que buscaban plantíos y plantadores de enervantes. A todos había que darles comida. Cada grupo representante del gobierno realizaba una fuerte investigación de nuestro oficio actual, pasado y futuro, como si supiéramos este último. Había que contestar una serie de preguntas acusadoras, afortunadamente de todas salimos bien librados.

No todo fue darle cuentas al ejército mientras estuve en el Saucito. Me atraganté de recuerdos que encontré estampados hasta debajo de las piedras. También le entré a las limas, el requesón, las guayabas, la cuajada, el té de limoncillo con tortillas de harina. Al finalizar mis vacaciones me regalaron un huacal lleno de quesos, y para que no se desbarataran durante el traslado lo rellenamos y cubrimos con hojas de palma verde y lo liamos con sollates para trasladarlo en burro hasta la pista de la cual despegaría de Zarupa a Chihuahua.

En la madrugada aparejamos y cargamos un burro con los quesos. Oscuro partimos a esperar el avión al llano de La Laguna. La espera se prolongó y me quedé solo en la pista, la cual estaba vigilada permanentemente por un grupo de soldados en busca de sembradores que intentaran sacar su contrabando por aire. Permanecí quieto para no confundir y me eché a dormir como si nada pasara. Seguramente ellos me vieron llegar por la mañana y decidieron permanecer ocultos para tomarme preso junto con la avioneta que seguros estaban de que vendría por mí y por aquel bulto verde con apariencia de marihuana.

Yo iniciaba el segundo sueño de la mañana cuando fui bruscamente despertado por sus rifles picándome las costillas y apuntando a la cabeza. No fue un despertar grato. Apenas me puse de pie me ordenó el único oficial del grupo que me quitara la ropa. En esta guerra, el ejército tomaba precauciones muy especiales: al detener a alguien, siempre lo desnudaba completamente como medida de seguridad, para evitar armas ocultas entre sus ropas. Cuando quedé enfundado en el traje de Adán, como Dios me mandó al mundo, hasta entonces el oficial reanudó el diálogo.

—¿Cómo te llamas?

—Arnoldo.

—Pinche nombrecito tan feo, seguro es de mañoso. A ver si no te traemos en la lista.

—¿De dónde vienes?

—Del Saucito.

—¿A qué te dedicas?

—Soy comerciante.

—¿Comerciante? ¿De qué?

—De pollos.

—De pericos ha de ser... embustero.

—No, señor, de pollos.

—¿Pa dónde vas?

—Pa Chihuahua.

—Ibas, ahora vas p'al bote a Culiacán. ¿Qué traes en esa caja?

—Quesos.

—Sí, como no, ¡a ver quién chingados te lo cree!

—Abra el huacal si quiere, por mí no hay problema.

—Y aunque hubiera, el permiso de abrirla lo traigo desde México. Permanezca con las manos en alto y no se mueva o nos lo quebramos, marihuanero rascuacho. ¡Abran la caja de marihuana! —ordenó el jefe.

Colocaron el huacal boca abajo y me ordenaron permanecer parado sobre él, con las manos en alto. Vaciaron con brusquedad todas las piezas de queso sobre la tierra roja del llano de La Laguna. ¡Sorpresa, eran quesos! Partieron las piezas buscando algo en su interior, pero no había nada ilegal, sólo eran quesos, y ahora eran quesos absolutamente deshechos. Tantas horas de espera para que su traficante llevara quesos. Desde arriba del huacal pude ver sus rostros desencajados de confusión, frustración, desilusión y al final un fuerte coraje contra mí.

Me encontraba en el lugar más solitario de la sierra, encuerado y con la cara hacia el cielo, como una estatua, rígido y tieso; frente a un cerro de queso desboronado, suficiente como para hacer miles de quesadillas, más miles de enchiladas o un tambo de queso fundido, cuando de pronto se escuchó el zumbido de la avioneta con la que estaba yo reportado. Al percibirlo los soldados me ordenaron con energía militar permanecer quieto, mirando al cielo, sin hacer señas. «Lo tenemos en la mira, al menor movimiento nos lo echamos al plato», dijeron antes de ocultarse entre las hierbas.

Un grupo de jóvenes maestras viajaba en la avioneta aquella mañana. Salían de vacaciones de las escuelas primarias desparramadas por rancherías de la sierra. El piloto decidió recogerme a mí al último porque había pedido un vuelo directo, ésa era la razón de su largo retraso.

Cuando los ojos de las hermosas maestras se posaron sobre mí, se sorprendieron, se asustaron, se fueron de espaldas. Parecía un amante de la naturaleza con modales excéntricos, muy excéntricos; un hippie ecologista recién atizado de hierba; quizá alguien que rendía culto al queso o de plano un campesino que de tanto esperar se deschavetó y le dio por lucirse ante los pinos. No dejaba de ser extraño que en un lugar tan aislado te encuentres un Adonis o un Apolo; desconcierta a cualquiera y es imposible de asimilar de inmediato. Lo entendí, pero este razonamiento no reducía mi vergüenza.

Mis captores o custodios preguntaron al piloto por mi desempeño en lo pavimentado. «Se trata de un simple comerciante de poca monta avecindado en alguna ciudad del sur del país», dijo el piloto. Cuando estuvieron completamente seguros de que no llevaba marihuana, entonces me dijo el oficial del grupo: «Vístase y no sea presumido, cada cual es como Dios lo hizo».

No me ofreció disculpas, tampoco se las exigí, las condiciones no eran propias. En aquel momento no tenía claro cuáles eran mis derechos como exprisionero de guerra. Así dejé las cosas, porque con las ganas que tenía de mandarme al bote me pudo acusar de altanero y saleroso ante el gobierno.

Con todo el pudor encima tomé mi ropa y me vestí sintiendo el peso de las miradas de las maestras que se acompañaban de chasquidos, murmullos y risas que salían del avión. Una vez vestido, pregunté al piloto si traía algo para guardar mi queso, el huacal ya no me servía. Sacó de entre sus cachivaches una pala y un costal de jarcia, el cual llené de queso; avergonzado, me subí y ocupé mi asiento.

Cuando el avión despegó, dio dos vueltas en los aires de Zarupa para tomar altura y librar los altos picachos de la sierra grande. Yo tenía enfrente un panorama muy distinto al de los soldados y en cuestión de minutos las cosas cambiaron radicalmente: en un pájaro de acero surcaba los aires de las montañas más bonitas del mundo.

Al cruzar la pista por segunda vez pude ver que los soldados caminaban por medio llano de La Laguna, cabizbajos, sin un rumbo claro, tendrían que seguir recorriendo la sierra, lejos de sus familias, pasando hambre, soledad, frío; protagonizando una guerra que empezaron a perder el día que comenzó. Una guerra entre compatriotas, inútil, mal planteada, que hasta el día de hoy tiene ya varias décadas y no se ve claro su fin.

Al enfilarnos para Chihuahua, permanecí por varios minutos con la cara pegada a la ventanilla. Las condiciones en las que me presenté ante aquellas señoritas me parecían impropias. Sin tocar la puerta se fueron hasta la cocina, vieron más de la cuenta, tenían de mí más que una radiografía y eso me preocupaba seriamente.

Por ahí de medio viaje, el murmullo nuevamente llamó mi atención. «Está destrozado». «Le va a gustar a mi mamá». «Yo lo vi primero». Asumí que se trataba del destino del queso, hasta que una de ellas se acercó a susurrarme en el oído:

«Disculpe mi atrevimiento, joven, ¿es usted soltero?». Sorprendido, pero aliviado, finalmente reuní el valor para voltear y verlas a los ojos. ¡Cupido era el octavo pasajero!

EL POTRERO

Muchas salvias y papaches había arrastrado el arroyo del zapote durante sus crecientes de entrada de aguas, muchas parvadas de pericos habían salido de los relises de la esquina, muchos burros se habían revolcado en los arenales del arroyo de Quilá, para cuando decidí regresar a El Potrero de los Bojórquez.

Durante la Semana Santa de 1999 nos reunimos en torno a mi abuelo sus nietos, hijos y bisnietos, que venían de Chihuahua, Reynosa, Tamaulipas, Puebla, Tenosique, Tabasco y Chicago. Yo también volví en compañía de mi familia, pues quería que mis hijos conocieran la pintoresca escuela donde terminé la primaria en Las Palomas, y de paso recoger recuerdos de mi juventud, esa hermosa edad definitiva en nuestras vidas.

Partimos en cuatro camionetas por la carretera hacia Morelos, por la parte más seca de todo el barranco. Poco a poco me fui enterando de que la sequía no era exclusiva de la zona; se apolillaron los naranjos, se secaron los azahares; ese año el arroyo dejó de correr; quedaba uno que otro charco y no había una sola mancha verde en todo el barranco árido, seco, caluroso. El pueblo estaba bajo una terrible sequía.

Mi abuelo ya no tenía energía para imponer su autoridad. Hacía años que era sólo un personaje simbólico, un puente entre un El Potrero glorioso y uno en ruinas. Dos de mis tíos más jóvenes habían muerto a balazos en el centro del pueblo, un yerno acribillado en el patio de su casa, una de sus hijas menores fue raptada por vecinos del lugar. Mi abuelo fue testigo sin poder hacer absolutamente nada. Sólo su fortaleza de carácter le permitió soportar el terrible dolor.

Una inoportuna huelga ocasionó que la compañía dejara abandonada la mina y la mayoría de la gente emigró a las ciudades y otros pueblos. Los auténticos campesinos regresaron a sus tierras. Los obreros sufrieron más porque no conocían el campo, no sabían cultivar, no tenían tierras y estaban acostumbrados a vivir de un sueldo, así que muchos de ellos se integraron a la ya proliferada siembra de marihuana. Esto dio pie al origen del nuevo oficio de *mineromarihuanero*: mineros por tradición, marihuaneros por necesidad. Esta mezcla fue y sigue siendo mala, muy mala.

Entrada la tarde del Jueves Santo era mayor el jolgorio: más vino, más borrachos, más discusiones. Al poco tiempo se escucharon los primeros disparos, comunes en la región como manifestación de alegría, pero esta vez me provocaron un frío inexplicable. Segundos después, fuertes y lastimosos llantos de mujeres corrían por las veredas. La muerte rondaba el barranco. Habían caído dos padres de familia.

Al día siguiente acudimos al sepelio. Las mujeres y los niños manifestaban mayor dolor. El cortejo fúnebre era acompañado por un grupo de músicos norteños del pueblo que interpretaba narcocorridos. Así decían adiós a los seres queridos.

Nos enteramos de que durante aquella tarde se había consumido mucho vino, marihuana y cocaína. Eran muchos los muertos en El Potrero durante los últimos años. La pobreza y la violencia se habían apoderado de ese pueblo exminero. Se fueron los barreteros, llegaron los soldados; se fue el carburo, llegó la pólvora; se fue el trabajo, llegó el delito; se fue el respeto, llegó la anarquía; se fueron los valores, llegó la desesperación; se fue el agua, llegó la polilla; se murieron los naranjos, no llegaron los azares.

Cuando llegamos a mi escuela en Las Palomas sólo quedaba un montón de madera podrida llena de panales, bitaches, babores y avispas que muy molestos salieron a nuestro encuentro, evitándonos llegar al salón John F. Kennedy, en donde cursé mi último año de primaria.

Casi todo había desaparecido. Un par de casas aún se mantenía de pie junto con los primeros habitantes, los dueños del terreno y una tienda de abarrotes. Las calles y parejos donde se instalaba el cine y donde tirábamos rostro los domingos no estaban más. Las lluvias se llevaron el aserrín y la tierra suelta, los pinos poblaron de nuevo los rebajes que ocupó el aserradero. Entonces recordé que los pueblos madereros eran también nómadas.

Yo le aseguraba a mi familia que en ese lugar hubo un pueblo muy importante, pero ellos me observaban como diciendo: «Te estás haciendo viejo, ya empiezas a desvariar». Me quedé sentado en el borde de lo que fuera la cancha de basquetbol. Estaba tratando de comprender cuántos buenos momentos me sembró la vida en aquel lugar abandonado. Cuántos hermosos e ilusorios días de mi niñez y adolescencia pasaron dentro de esas tapias que el tiempo cubrió de polvo y olvido.

De pronto se me vino el pasado encima con más claridad, una de sus ráfagas me arrastró hasta los días cuando jugábamos basquetbol y les ganábamos a los maestros, a las fiestas del 10 de mayo, los novedosos concursos de oratoria, cuando plantamos los manzanos alrededor de la escuela, las clases de arte de los viernes, la fiesta de graduación y la despedida de mis compañeros de clases, quienes, llenos de ilusiones, queríamos conquistar el mundo.

Fue sin duda una gran generación. Sin que me diera cuenta, aquel estado hipnótico me humedeció los ojos. Después de los recuerdos y las lágrimas sentí que había quedado livianito. Me sequé los ojos para ver el mundo con mayor claridad, cuando de pronto apareció en el aire de Las Palomas una delicada fragancia que reconocí al momento: era el espíritu de un amor adolescente que, como las más hermosas flores, dejó su aroma para siempre en todas las cosas que tocó. Fue un instante sublime pero fugaz, como una estrella viajera.

El amor es para siempre, nunca muere, sólo la materia cambia de lugar. La memoria es una manera de aferrarnos para siempre a las personas que amamos, que marcaron nuestra vida y que no queremos perder.

MATILDE

Unos años más tarde volvería a encontrarme con parte de mi difícil pasado. Iba camino a Los Mochis en auto cuando paré en Ixtlán a saludar a un primo y comer pollos en su restaurante a la orilla de carretera. Cuando mi familia y yo bajamos de la camioneta pasó un tractor jalando una tolva cargada de rastrojo, el chofer se me quedó viendo fijamente y como sorprendido. Unos metros adelante paró el tractor y con paso firme caminó directamente hacia mí, antes de llegar me dijo: «¿Eres o te pareces?». Me le quedé mirando desconcertado tratando de reconocerlo. «Soy Matilde —me dijo—, ¿te acuerdas de mí?».

En ese momento se me vino el pasado encima. Traté de acomodar el rostro que tenía enfrente con el de mi amigo que dejé en la cárcel; efectivamente, era Matilde. Me dio mucho gusto volver a verlo.

No lo dejé hablar, le dije todo de mi vida: dónde vivía, cuántos hijos tenía, qué hacía, le regalé mi chamarra de invierno y le di mi tarjeta para que me visitara en Puebla. Hasta ahí todo iba bien, un encuentro extraordinario de viejos amigos. Yo conocía muy bien su buen corazón por los años que convivimos en el infierno de Topolobampo.

El problema fue cuando empezó a hablar de él. Con alegría me dijo: «Soy el jefe de la plaza. Trabajo para el grande. Por aquí pasa toda la merca y yo soy el encargado, el rastrojo que ves sólo es pantalla». Me narró un rosario de actos delictivos para asustar a cualquiera y salir corriendo por la salida más cercana. Debe haber pensado que yo seguía en sus mismos pasos; nunca reparó en que yo le hubiera dado vuelta a la vida en sentido contrario, que éramos dos personas totalmente ajenas. «Bueno, ahí nos vemos. A ver qué día te caigo en Puebla». Mi familia estaba instalada dentro del restaurante, comimos rápidamente y rápidamente nos fuimos sin saludar a mi primo. La cárcel agarró tiernito e inocente a Matilde y lo transformó en un verdadero delincuente.

Después de esto me aterrorizaba la idea de que me visitara en Puebla, nunca lo hizo y se lo agradezco.

AJUSTE DE CUENTAS

Una fresca mañana de noviembre de 2012 apareció en el buzón de mi casa en Puebla una invitación para la boda de un sobrino en Los Mochis, Sinaloa. No dudé ni un solo segundo en asistir. Siempre me emociona regresar a esa tierra hermosa, donde es una garantía la buena comida, donde se registraron mis primeros contactos con la comida del mar. Además, mucha gente de la sierra de Chihuahua emigró a la costa sinaloense y nunca faltan reencuentros agradables.

Estaba en la iglesia cumpliendo fielmente el protocolo familiar, mientras el sacerdote imponía las condiciones a los jóvenes novios, cuando de pronto descubrí entre los invitados a alguien que conocía, pero no podía definir de quién se trataba. Tuve que darles un ultimátum a mis neuronas y exigirles resultados. Descubrí más tarde que se trataba del Sanmartín acompañado de su esposa, las cinco décadas que tenía sin verlo no pasaron desapercibidas en su persona, el tiempo había hecho lo suyo.

Aparecieron de nuevo las imágenes de mi último año en la primaria de Las Palomas y mis pasadas por el aserradero con destino a la escuela, que me habían acompañado por la vida durante tanto tiempo. No sabía con claridad cuál era el sentimiento que me inspiraba volver a verlo. Quizá eran ganas de reclamarle enérgicamente el terrorismo sin piedad que me aplicó durante mi llegada a Las Palomas hacía 50 años, tal vez cantarle un tiro a ver de cuál cuero salían más correas. Pensé en desarrollar algunas ideas irónicas, ingeniosas, espontáneas que lo dejaran mal parado con la gente que lo acompañaba o hacerle algo parecido a lo que me hicieron el día que junto con mi papá recogíamos leña en el quemadero: una oferta por sus pantalones, burlarme de su camisa, por pelón, por molacho, por panzón; o pedirle burlonamente que me recomendara a su dentista para evidenciar su dentadura incompleta. Sin embargo, no llegó nada a mi imaginación que estuviera a la altura de la revancha. Decidí ejecutar mi plan de ataque más tarde durante la fiesta, lejos de la iglesia. La oscuridad de la noche, el ruido de la fiesta, la inspiración de los corridos, serían mejores escenarios para llevar a cabo la venganza.

Una vez en el enorme salón, me tocó compartir mesa con el tío Indio, un hombre pacífico, filósofo, conciliador, leal y sabio. A pesar de las adversidades que le presentó la vida, siempre se las ingenió para nunca ofender a nadie y menos aún tener que pelear. En cambio, yo vivía emociones muy diferentes: se apoderó de mí ese silencio del sabueso antes de lanzarse sobre su presa, destrozarla y hacerla trizas.

Dio inicio el baile y al frente del primer grupo de bailadores apareció el Sanmartín, quien seguía bailando bien a pesar de la edad y el peso, acompañado por su esposa. Recordé entonces las docenas de veces que me eliminó en los concursos de la escuela y me dejó con las ganas de participar en los bailables de la fiesta de fin de cursos.

Le conté a mi tío los planes que tenía para prevenirlo del zafarrancho que pensaba armar esa noche y que me ayudara en la fuga después del pleito, que me sacara del bote al día siguiente si fracasaba la fuga.

—¿Cómo te decía? —me preguntó.

—El Psicodélico.

—Te decía bonito. ¿Cuál fue el problema? ¿Qué tiene de malo el apodo? A mí toda la vida me han dicho el Indio y nunca me ha pasado nada. ¿Quién te dijo que era malo?

—Mi papá me dijo que me defendiera, que nadie debía llamarme así.

—Reclámale a tu papá —dijo con tranquilidad.

Pero no, la vida me estaba dando la oportunidad de vengarme y no la iba a desperdiciar.

Con serenidad me dijo:

—Es la oportunidad de perdonarlo, la oportunidad de olvidarlo. Te dañó porque se lo permitiste, mostraste debilidad; se dio cuenta de que te molestaba y lo aprovechó. Nadie puede hacerte daño si tú no se lo permites; jugarte la vida porque te decían el Psicodélico ya no está a la altura de tu edad. Si de verdad quieres vengarte tengo una idea mejor que pelear como simple borracho inconsciente: demuéstrale al Sanmartín que no te hizo ningún daño su maltrato y que a pesar de tus temores eres un hombre libre, feliz, civilizado, moderno, alegre. Sal a la pista a bailar como nadie lo está haciendo, baila enfrente del Sanmartín, que le quede claro quién eres, cómo te trató la vida. Él sabe que eres empresario, escritor, poeta, conferencista, líder de opinión. Cuando te vea se quedará sin habla y le dará rabia reconocer que su terrorismo psicológico te impulsó por el mundo. ¿Hay venganza más sabrosa?

Consideré inteligente la propuesta de mi tío, mucho menos temeraria, sin riesgo de cárcel o de perder algún diente. Después de todo no peleaba desde la escuela en Las Palomas ni tenía referentes frescos sobre en qué nivel estaba. Sólo tenía dudas acerca de mis habilidades de bailador, pues hacía mucho que no bailaba. Al final, la fuerza de mi venganza estaba en demostrarle que soy un hombre exitoso.

Crucé la pista de baile acompañado de la sobrina de mi tío, quien estuvo de acuerdo en ser parte de aquel ataque que dejaría sin habla al Sanmartín. Elegimos iniciar el baile a unas tres parejas de por medio para no ser obvios, pero al poco tiempo el *bulleador* de la primaria sorprendido me identificó y, sin pensarlo dos veces, se dirigió a mí: «¡Quiúbole, pinche Psicodélico! Te reconocí en la manera de bailar, nunca aprendiste. Deja a tu nieta que busque novio, le vas a tumbar las uñas».

Abortado mi plan, le di las gracias a la señorita por el favor y retomé la plática con el Sanmartín, quien me dio la mano, franco, muy amable, sincero, con gusto de verme. Me preguntó que si todavía vivía en Las Palomas, que si había terminado la primaria, que a qué me dedicaba. «Soy arte entre las artes y en los montes, monte soy», contesté orgulloso y regresé a mi mesa sin coraje, sin ganas de venganza, livianito, a disfrutar la fiesta.

Cuando llegué a la mesa mi tío me preguntó cómo me había ido. «Te veo tranquilo. ¿Ya puedes respirar?». Le dije que todo quedó superado. «Un pájaro posado en un árbol no tiene miedo de que la rama se rompa, su confianza no está en la rama sino en sus propias alas», concluyó con la frase célebre de un personaje anónimo.

¿Qué perfil tienen las personas que rompen paradigmas? Son personas que vienen de otros mundos, de otras sociedades, niveles o perspectivas, que traen cargando la novedad para implementarla en un entorno diferente. Estos líderes son agentes de cambio en sus contextos. Su importancia recae no sólo en el descubrimiento o la invención que portan, sino en la brecha que abren y hacia la que atraen a los demás. Normalmente se les identifica con el traje del éxito, pero a veces puede que sólo vistan un traje psicodélico rojo digno de un loco en plena sierra.

REANDAR EL CAMINO

Luego de atestiguar la desolación que se apoderó de El Potrero, el fin del aserradero de Las Palomas, y ser testigo de la transformación de mi tierra, me reencontré con el amor hacia ella y descubrí mi pasión por reandar esos caminos, recoger mis pasos y volver a mis orígenes. Regresé a caminar por la sierra con la ilusión de reencontrarme con viejos amigos, amigos que estimaba y con quienes tenía muchas cosas en común, pero habían pasado muchos años y mis amigos ya no estaban. La mayoría dejó la sierra, los que encontré teníamos pocas cosas en común. Tres décadas nos volvieron desconocidos, las actividades cambiaron y junto con ellas mis amigos. La tecnología y los medios de comunicación acortaron las distancias y hoy estas comunidades tienen más contacto con la vida urbana.

Pero hubo cosas que no cambiaron a pesar del tiempo, como el aroma de las guayabas. Ahí está el agua cristalina que corre sobre las lajas durante octubre. Ahí están las abejas juntando miel en los panales adheridos a los relises. Ahí están los toros corneando paredones y bramando con la misma gallardía de siempre. Ahí están los mejores elotes del mundo, elotes que riega el cielo y crecen sólo por la voluntad de Dios.

Cuando regresé a esas barrancas ya había solucionado las necesidades básicas de mi familia: colegiaturas, casa, comida, vestido, etc. Mi esposa entendió que yo era un caminante y nunca se opuso a mis viajes. Afortunadamente tengo un negocio que funciona sin mi presencia. Me pude dar este lujo que antes era una necesidad.

Caminar la sierra de Chihuahua exige un gran esfuerzo físico y mental, nunca hay que perderle el respeto a los riesgos que representa. En algunas cuestas de más de 2 mil metros en vertical se acaban las fuerzas y el corazón retumba en el pecho. A mayor preparación previa, mayor capacidad de disfrutar los paisajes. Igual de importante es la fuerza mental:

la soledad, la distancia, la incertidumbre, lo agresivo y profundo de las barrancas pueden hacerte perder la confianza, te puede traicionar la mente, entrar en pánico, no dormir, desgastarte y el esfuerzo se multiplica. Una amenaza real es perderte, empatillarte —quedar varado por los relises o por un río— o rodarte. Esto se contrarresta caminando con quien conoce el camino.

Quedarte sin comida o sin agua es otro punto a cuidar. Durante largas temporadas del año no se consigue ninguna de las dos cosas; con prevención se puede evitar.

Los animales grandes como pumas, coyotes o linces están más preocupados por que no los veas que por atacar. Con las víboras, alacranes, tarántulas y otras alimañas sólo hay que tener cuidado de no invadir su espacio, no pisarlas.

Otro riesgo vigente, real y posible es que los habitantes de la sierra o la autoridad te confundan con algún enemigo que les represente una amenaza. Por ello hay que caminar de día y respetar su estilo de vida; no invadir sus espacios mitiga este riesgo.

Pero sin duda el mayor riesgo de todos y que se mantiene latente durante todo el recorrido es una lesión física que te impida caminar y estar a tres días de cualquier medio de transporte. Para evitarlo no hay más que concentrarse en cada paso, porque ningún paso es igual a otro: de subida, de bajada, en el agua, en las piedras, en la arena, en el lodo. Durante 25 años de caminatas hemos mantenido esta concentración, acumulamos miles de kilómetros, millones de pasos.

Soy amante de los ríos, me gusta beber sus aguas, bañarme en sus charcos, cruzar sus puentes, investigar dónde nacen, su caudal, dónde llegan al mar, con cuáles ríos se unen, si terminan en un lago, a qué civilización dieron origen. Sobre todo, me gusta recorrer sus riberas, hacer parajes en sus playas, juntar leña y hacer fogatas, y alrededor de las fogatas contar historias de amores imposibles y posibles, de brujas, de aparecidos, de tesoros, de misterios, de hombres valientes. Adorno las historias con imaginación, imaginación que proviene del arrullo de las aguas, del calor de la fogata, de la oscuridad de la noche.

El arte está hecho de imaginación. La realidad es escueta, solemne, cuadrada, justa; no tiene gracia, y, para que la tenga, la adorna la imaginación. Ésta, en cambio, es belleza, y si no lo es, siempre puede inventar la belleza; es el sueño, la poesía, el arte, la pintura, la música, la escultura. La realidad es vegetar, la imaginación es crear. La imaginación es el arte.

Hay personas que buscan llegar a lugares hermosos, otros hacen hermosos los lugares a donde llegan.

He caminado tantas horas, tantos días y tantos años, dejé tanto esfuerzo a orillas de los ríos, que la naturaleza se aprendió mi nombre. Sin decirme lo grabó en los arenales, en los paredones, en los relises. Cuando levanto una piedra ahí está, en el idioma de la naturaleza. Caminar en silencio siguiendo las aguas de un río, expectante, alerta, al ritmo de tus propias fuerzas, hace que experimentes una sensación de libertad que no se compara con ninguna otra actividad del hombre. El camino habla si hay un corazón que escuche.

Hay decisiones que se toman en la frontera de la sensatez y la locura, por eso son originales, auténticas y algunas veces hermosas. Si sólo hubiera observado las barrancas desde lo alto de la sierra me habría ahorrado todas las incomodidades que existen entre observarlas y recorrerlas. Decidí pagar el precio que exige caminar cada uno de sus rincones. Primero caminé las barrancas conocidas y famosas, las que visitan los turistas, luego barrancas lejanas y desconocidas, pero igual de hermosas, retadoras y profundas. Caminé miles de kilómetros bajo la lluvia, sobre la nieve, con frío, con calor, sorteando ríos crecidos, espinas, animales, durmiendo sobre las piedras, algunas noches sin dormir. Cuando me encuentro con algún turista que presume conocer muy bien las barrancas, porque algún día las visitó y tomó fotos desde los miradores de los hoteles, sé que mis sentimientos son muy diferentes, de pertenencia, de entrega, de conquista. A las barrancas les dediqué muchos días de mi vida, grandes esfuerzos, ahí dejé el alma, soy fanático de su belleza. Elegí mirarlas, admirarlas, caminarlas y llevarlas en mi corazón a donde quiera que voy. El tiempo intenta desanimar mi cuerpo, yo no dejo de animar mi alma.

Después de caminar muchos años en la Sierra Tarahumara mis pasos me llevaron por otros rincones extraordinarios de nuestro país: La Huerta en Oaxaca, un sistema de riego prehispánico oculto en el río Juquila; la zona del silencio, un lugar misterioso en el desierto de Durango El Triunfo, el lugar más lluvioso: Chiapas. Subí al techo de México escalando el Popocatépetl, La Malinche, el Pico de Orizaba, la Mujer Dormida, el Nevado de Colima y el Muinora en Guadalupe y Calvo, Chihuahua. Desde estas cumbres pude admirar los paisajes más hermosos de nuestro país.

Había caminado por 27 estados de la República Mexicana, cuando me animé a viajar y caminar en otros países. Montañas boscosas cerca de Vancouver, Canadá, las riberas del río Colorado en Estados Unidos, la ruta entre los pinos de Segie Laura en Rusia, el valle del Cocora, el río La Vieja y el Nevado del Ruiz en Colombia, el camino de Santiago en España, rutas exclusivas para científicos en Galápagos. Crucé del Atlántico al Pacífico por Panamá y por la Patagonia en Argentina. Caminé cordilleras de Los Andes peruanos, ecuatorianos, colombianos y argentinos, subí a los volcanes de Costa Rica, tomé un curso de sobrevivencia con el ejército brasileño en la selva del Amazonas en Brasil. Uno de los lugares más hermosos que recorrí fue el camino inca en Perú, una ruta entre Cusco y Machu Picchu que corre por la orilla del río sagrado de los incas, el Urubamba. Estas rutas confirmaron mi amor por las caminatas y las llevo en mi corazón.

Nací y crecí en el corazón de la sierra de Chihuahua. **Soy el mayor de doce hermanos.** Aquí somos siete, cinco llegarían después. Migramos a la ciudad en busca de oportunidades.

Zarupa es un lugar muy bonito, tan bonito que muchas tardes, mientras cuidaba las chivas y contemplaba los paisajes desde alguna de sus cumbres, me preguntaba: **"¿por qué Dios que sabe de estas bellezas no construye su casa aquí?"** Con el tiempo supe que Dios vivía ahí, pero Dios no necesita casa.

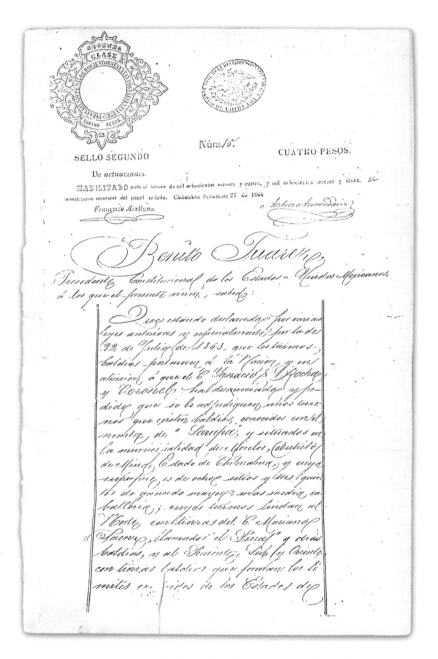

El título de propiedad de la Hacienda de Zarupa, firmado por el Benemérito de las Américas, no sólo comprobaba la sangre azul que ostentaba mi padre, nos daba pie a seguir soñando.

Chihuahua y Sinaloa, según consta
de los antecedentes que obran en el Ministerio de Fomento. Considerando las ventajas que resultan á la
industria, y á la población, de que
los terrenos se reduzcan á propiedad
particular; y los derechos que ha adquirido el C. Ygnacio Rocha y
Cárcel, tanto por su denuncio, como
por haber enterado en la Agencia
de Fomento los novecientos pesos en
que fueron avaluados dichos terrenos,
he tenido á bien concederle la propiedad de ellos, sin perjuicio de tercero
que mejor derecho tenga.

    Por tanto, mando á
las autoridades del Estado de Chihuahua, y á las demas de la República,
no pongan obstáculo alguno al mencionado C. Ygnacio Rocha y Cárcel
en la propiedad que se le ha concedido, y antes bien, lo mantengan en
el libre uso, dominio y posesion, que
le corresponden, sin mas obligacion por
su parte, que la de sujetarse á lo que
dispponen las leyes de la materia, cultivando el terreno y poniendo mojonera
en sus linderos.

    Dado en el Palacio del Gobierno Nacional en Chihuahua á 1.º de Diciembre de 1864.

    Benito Juarez   José M. Iglesias

La universidad
de emprendedores
de Juárez y
Degollado
a día de hoy.

Mi primera sucursal
en el estado de
Chihuahua y la
tercera de todo
el país.

El primer Pollo
en el estado de
Puebla, la famosa
sucursal de la 2 sur,
recién inaugurada
y 50 años después.

He caminado varias
generaciones en una vida:
desde cuidar las chivas en
Zarupa hasta ingresar al
Salón del Empresario.

LEGADO

Ésta es la ruta del pollo asado al carbón que en muy pocos años se posicionó en el gusto de los mexicanos, se volvió parte de su cultura gastronómica, constituyó una fuente de ingresos para muchas familias y formalmente contribuye al crecimiento y desarrollo económicos de México.

Johnny lo trajo a México, Juan Francisco a la familia De La Rocha, nosotros lo llevamos por todo el país. Los que tenemos como punto de partida el primer negocio instalado entre las calles de Juárez y Degollado en Los Mochis, Sinaloa, recibimos de don Guadalupe una oportunidad que cambió nuestras vidas: con su invitación y confianza en nosotros, nos puso frente a una gran oportunidad que hoy nos permite soñar.

Fue tan exitosa esta oportunidad que aquellos jóvenes que hace 40 años hacíamos salsa, lavábamos, asábamos, partíamos y empacábamos pollos, acarreábamos tortillas, barríamos el local, hoy somos empresarios radicados en distintas ciudades del país. Cientos de jóvenes con sueños, dispuestos a dejar lo que tenían, comerciantes y líderes aventureros y visionarios, egresados de la universidad de Juárez y Degollado frente a un mercado necesitado, sin competencia, grande, en donde todos esos jóvenes cabían, y con un producto extraordinario en sus manos, se desparramaron por el país y lograron una empresa maravillosa para la sociedad mexicana. Cada uno de nosotros ha protagonizado su propia historia.

Un negocio tan modesto como el primer local instalado por don Guadalupe, que generara tantas oportunidades, que aportara a México ese número de empresarios, que permaneciera tantos años en el mercado, sólo es posible cuando se recorre el camino guiado por la mano de Dios.

LA PASIÓN SUSTITUYE AL HAMBRE

La mayoría de las empresas, nacen, crecen y mueren, una de las muchas razones de su muerte es el cambio generacional, después de décadas es un tema que nos ocupa. Muchos empresarios heredan por amor y no por eficiencia. En nuestro caso, hemos tratado de manejar estratégicamente el relevo generacional a partir del análisis de nuestros propios orígenes y de las oportunidades que nos permite ver el futuro cercano.

El sueño más grande es lograr que la empresa trascienda, que permanezca muchas generaciones más en el mercado. La gran dificultad estriba en que el mundo, México y los mercados cambian cada día a mayor velocidad, hay que adaptarse con mayor certeza a esos cambios. Para lograrlo es necesario desechar muchos modelos del pasado y competir de manera frontal en el mercado abierto.

Durante la última década se integraron al negocio jóvenes preparados al más alto nivel académico y conceptual, algunos hijos de los dueños, otros no, pero todos profesionistas reclutados e incorporados al negocio por sus conocimientos; están en el negocio porque saben el potencial que tiene. Sobre estos jóvenes profesionistas, con una visión diferente a la de los fundadores, recae la gran responsabilidad de crecer, permanecer y trascender.

Con el paso de los años el hambre primaria se terminó y fue sustituida por otras de otro tipo: la de trascender, de realización, de reconocimiento, de participación, de prestigio, de aprender y de demostrar; éstas son las hambres que debemos fomentar en nuestros relevos. El ADN que nos determina y que nos exige el negocio es la constancia. Ni la inteligencia, ni los genios, ni la educación han sido más fuertes que la constancia focalizada, comprometida, decidida, apasionada. Esa fuerza sí derrumba barreras, como el paso constante del agua forma los ríos.

Cumplimos cuatro décadas de intenso trabajo, desempeñando una actividad rutinaria que exige levantarse todos los días para hacer exactamente lo mismo que hicimos el día anterior, con características artesanales donde la pasión y el compromiso cabalgan juntos, donde lo único que no puede faltar es el amor por lo que hacemos. Yo veo el futuro y el cambio generacional en mejores manos. Si los jóvenes ponen al servicio de este proyecto su pasión, detectan las posibilidades de mejora y los ritmos del mercado, y mantienen la constancia que tanto nos ha caracterizado, estoy seguro de que lo mejor de Pollo Feliz está por llegar. Una meta que se cumple, un reto que nace.

PLATAFORMAS

Mi historia, mi camino, como el de todos, es el resultado de una serie de elementos que se conjugaron a mi favor. Por una parte, están las circunstancias ajenas a mí y luego lo que me revolotea por dentro. Somos consecuencia de la tenacidad, esfuerzo y habilidades que Dios nos dio, pero también del contexto en el que nos toca vivir y de las eventualidades de la vida. ¿Quién puede escapar a la tentación de juzgar sin conocer las circunstancias de cada individuo? Porque aún en el mismo lugar, con la misma ropa y la misma edad, las circunstancias son distintas para cada persona. Es la combinación afortunada o desafortunada de ambas; las decisiones respecto a tomar o no las oportunidades que se nos presentan es lo que hace la diferencia entre un individuo y otro. Una parte la hace el destino, otra la hace uno mismo; si todo lo dejamos al destino no habría razón para luchar porque todo está ya decidido, ¿para qué habríamos de esforzarnos? Por ejemplo, algo que para muchos no tiene importancia pero que para mí fue determinante, fue la decisión de renunciar a un mandato de mi formación y de mi tierra, dejar de beber alcohol hace más de 30 años. Con ello puse distancia al enemigo más peligroso que me he encontrado en el camino.

Sin embargo, nadie crece solo. Uno de los factores más importantes que han contribuido a este ascenso ha sido la plataforma familiar. Por un lado, no puedo dejar de agradecer a mis padres porque nunca negaron el cariño, pero ni una pizca; en cuestión de afectos fueron incondicionales. Nunca es poco lo que se da cuando se da todo lo que uno tiene. También, pero no menos importante, otro detonante del cambio en mí fue inspirado por aquellos familiares a los que admiro.

Por otra parte, tuve la dicha de encontrarme con una mujer con valores firmes que me motivó a crecer y siempre ha sido como un faro que ilumina y señala mi camino. El matrimonio es una alianza generadora de bienestar, familia, recursos, ternura, solidaridad y hogar. El amor por el que te casas es suficiente para comprometerte, firmar y disciplinarte a nuevas reglas; el que sean capaces de generar juntos será lo que te mantendrá unido. Hoy tenemos un hogar, en

2021 cumplimos 40 años de casados, tenemos dos hijos y cuatro nietos, y seguimos luchando por ese amor. Cuando un hombre y una mujer se unen por amor y luchan por que ese amor se mantenga y crezca, el destino final es el Cielo.

Otra excelente decisión que tomé y que me brindó otro tipo de plataforma fue afiliarme a distintas organizaciones sociales y empresariales como la Cámara Nacional de la Industria de Restaurantes y Alimentos Condimentados (Canirac), la Confederación Patronal de la República Mexicana (Coparmex) y la Cámara Nacional de la Industria de la Transformación (Canacintra). Ser rotario durante más de 25 años me permitió ver el mundo con otros ojos, ensanchó mis horizontes y despertó en mí la inquietud de aprender. Como consecuencia, pregunté, experimenté, comuniqué, fracasé, cometí errores, me equivoqué, me caí, me levanté, me motivé, me desilusioné y me volví a ilusionar. Leí y desarrollé la capacidad de leer más allá de manchas de tinta sobre papel: los gestos, las palabras, las calles, la gente, el clima.

La mayoría de las personas que nacen en México mueren en el mismo escalón socioeconómico en el que nacieron, precisamente porque para escalar se nos pide renunciar a nuestra identidad, la cual se construye en la familia y condiciona la forma en la que vemos el mundo y sus posibilidades. Para dejar las costumbres del México donde se nace se tiene que soltar una identidad mientras se sujeta otra para estar en equilibrio. Aquéllos que no quieren el cambio suelen ver mal las transformaciones y las recriminan, a veces incluso con burlas, lo que suele representar un obstáculo para aquellas personas que buscan superarse. Sin embargo, no tiene que ser así; afortunadamente no fue mi caso.

Como la gran mayoría de los campesinos mexicanos, tuvimos que emigrar del marginado campo a la ciudad con poco dinero, nos vimos obligados a aprender, aprehender diferentes modos de vida y a construir nuestros cimientos sobre lo pavimentado, en lugar de ararlos en nuestra amada sierra. Sin embargo, mantuvimos una gran riqueza: los valores que la familia supo inculcar a cada uno de sus miembros. Fueron éstos los que nos permitieron conservar lo más sagrado que la sociedad posee, la familia, pero también nos permitieron ascender en la escalera socioeconómica sin sacrificar lo más preciado de nuestro origen. Ésta es la identidad que no se debe perder.

Yo podría mantener la mentalidad que tenían mis padres o rechazarla para adoptar la que formamos en la ciudad. Sin embargo, estaría renunciando a partes esenciales de mí mismo. Hoy hay en mí mucho del Arnoldo de la sierra, pero también del Arnoldo pollero, empresario, conferencista. Mi identidad se ha ido construyendo a lo largo de mi vida gracias a que he roto con las ideas limitantes más tradicionales asociadas a la identidad, pero no con la identidad misma. Hay quien dice: «A mí quiéreme como soy»; yo siempre pienso: «Te quiero mucho así como eres, pero haz algo por superarte». Hay quien dice: «Nunca cambies»; yo siempre digo: «Lo que eres hoy tiene que ser distinto a lo que serás mañana; tienes que aprender».

A través de mis conferencias busco que mi testimonio inspire a otros a romper sus propios paradigmas de identidad sin perder su esencia, a superarse y a luchar por sus objetivos.

«CUANDO YA NO SOMOS CAPACES DE CAMBIAR UNA SITUACIÓN, NOS ENCONTRAMOS ANTE EL DESAFÍO DE CAMBIARNOS A NOSOTROS MISMOS.»

VIKTOR FRANKL

Muchas tunas de coyote se han puesto guindas sobre las nopaleras cenizas que crecen silvestres en el cordón del rayo desde el día que la partida de primos salimos cargados de ilusiones a buscar oportunidades lejos de la tierra donde nacimos. Casi medio siglo ha transcurrido desde que mi tío Indio me hizo la invitación que cambiaría mi vida por completo y me permitiría llegar a donde estoy ahora. La oportunidad que me dio el oficio de vender pollos, una actividad que me dio trabajo honrado durante más de 40 años, y los que se acumulen.

Tengo la certeza de que si me hubiera quedado quieto dentro de una vida prudente, cómoda, sosegada y sin altibajos, habría vivido tranquilo, seguro y en paz, pero habría vivido aburrido, medio muerto, porque tengo el alma alborotada. No sé si nací con estos chamucos o se me encaramaron en alguna parte de mi vida, siento una necesidad de estar siempre en movimiento físico y emocional. Constantemente estoy buscando aventuras, adrenalina para una vida excitante, retadora; ahí me siento vivo, luchando pongo quietos muchos de mis impulsos, cuando me canso también se cansan los chamucos, por eso lucho, lucho y lucho.

Pollo Feliz aún hoy agrupa a la mayoría de la familia de Zarupa. Hasta la fecha continuamos sostenidos gracias a los principios de cooperación y valores familiares: respeto, lealtad, compartir, trabajo en equipo. Todos los días trabajamos por que siga así por muchas generaciones más.

Pollo Feliz nació de una plataforma familiar que pasó a ser una de tipo empresarial. Para mí fue ambas, por lo cual estoy muy agradecido, pero me gustaría que lo fuera también para otras personas. La del primer tipo únicamente se la puedo dejar a mis hijos, pero la segunda tiene un mayor alcance. Gracias a la filosofía de compartir, proveniente de la universidad de emprendedores de Juárez y Degollado, en más de mil sucursales del país más de 12 mil colaboradores tienen no sólo un empleo, sino la oportunidad de crecer, aprender y, después, emprender su propio proyecto empresarial.

UN HOMBRE DE VARIAS VIDAS

«LA VIDA NO VIVIDA ES UNA ENFERMEDAD DE LA QUE SE PUEDE MORIR.»

CARL GUSTAV JUNG

Hoy puedo decir que mi legado más grande es caminar muchas generaciones en una sola vida. Soy sobreviviente de una economía de hambre: pasé meses comiendo sólo tortillas y frijoles, experimenté la alegría de poderlos acompañar con un pedazo de queso. Vestí por años pantalones y camisas que mi mamá hacía con rollos de manta que mi papá compraba fuera del rancho. Soy sobreviviente del pistolerismo y de la delincuencia de la región donde nací, de la mortalidad infantil por desnutrición que padeció el campo mexicano durante mediados del siglo pasado. Soy sobreviviente de la marginación de un campo sin escuelas, sin doctores, sin ninguna clase de apoyos externos. Soy sobreviviente de un estilo de vida extinto en nuestro país.

Hoy tengo la dicha de tener una historia que contar para compartir contigo como pionero porque comencé joven mi negocio. Dejar el campo a los 17 años fue un factor determinante para mi rápida nueva forma de vida, como fueron el vestirme distinto, aprender otra manera de hablar. En esa aceptación de desenvolverme distinto, romper paradigmas, pude cruzar fronteras que con más edad hubieran sido más difíciles.

Esto me permitió abarcar desde mi origen en el campo en el que sembraba frijol, juntaba rastrojo, barbechaba las tierras, espantaba los chanates, nos mudábamos de la cumbre a las faldas de la sierra según la temporada y mi sueño era ser vaquero. Puedo contar mi llegada al pueblo y luego a la ciudad, con todo el proceso de adaptación de paradigmas que implicó. Puedo partir de las más oscuras experiencias como resultado de ser hijo de una región en conflicto, de ser originario del triángulo de la muerte, en la frontera entre Durango, Sinaloa y Chihuahua. A pesar de haberme visto preso a los 17 años con un futuro aparentemente trazado, luché para volverme un ciudadano consciente y responsable con la comunidad que me dio una mejor calidad de vida. También me es posible narrar mi camino desde el primer negocio en Ciudad Cuauhtémoc hasta volverme un empresario cuya pasión se desarrolló con el tiempo y motivada por el éxito de una oportunidad bien aprovechada. Hoy soy miembro permanente del salón del empresario y estoy seguro de que ningún mexicano de los más de cien que están en ese salón ha sorteado condiciones tan adversas: en lo social, en lo económico, en lo conceptual, en lo académico, etc. El camino que hay entre cuidar chivas a los 17 años y convertirte en un hombre de opinión en círculos tan exclusivos se da muy escasamente.

He transitado varios estados del país, y varios Méxicos, el de la pobreza extrema, el de la clase trabajadora y el de la clase empresarial. Algunos podrán contar una parte de este camino, pero pocos, tal vez casi nadie, pueden ser testimonio de todas esas historias en el lapso de una sola vida. Viví en una sola generación lo que comúnmente se vive en tres; la que vive y emigra del campo, la que se adapta y emprende en la ciudad, y la que consolida un proyecto a gran escala. Por todas estas razones, lo primero y más fuerte que digo y testifico es que de donde vengo no determina a dónde puedo llegar.

Por ello creo que mi trayectoria, que es lo más importante que puedo dejar a la sociedad, se tiene que difundir. No por alimentar mi ego, sino porque ha inspirado a otros y puede inspirar a muchos otros más a avanzar más allá de lo que nos han dicho que se puede en una vida. Los libros, las conferencias, los reconocimientos servirán de evidencia y de vehículo de comunicación.

También debo reconocer que estas acciones corresponden a una necesidad propia de realización. Y es que una vez que consigues ciertos logros ya no te mueve mucho el glamour del éxito; aunque cada quien lo entiende en sus propios términos, el mío también ha ido evolucionando con el paso del tiempo. Hay gente que cree que se manifiesta en los roces sociales y se desvive por estar en ciertos círculos, otros creen que está en cómo se visten o los lujos de los que gozan en su privilegio. Yo puedo decir que en los últimos 30 años no me he puesto una camisa de otro color que no sea blanca y no he me puesto otro pantalón que no sea azul, porque para mí la ropa sirve para no estar desnudo, así que no es algo que me merezca dedicarle mucho de mi tiempo o recursos.

En cuanto al prestigio social, he aprendido que el *querer* es volátil, sencillo y fácil, así que estoy más preocupado por ser justo con mis colaboradores y respetado por ellos, así como querido por mis hijos y por mi esposa. He aceptado un pequeño porcentaje de los reconocimientos que me han otorgado porque no es mi interés llenar de trofeos mi egoteca ni disfrutar discursos idealizados sobre mi persona. Finalmente, quien más conoce mis méritos soy yo, y sé muy bien que soy absolutamente terrenal, con defectos, virtudes y debilidades. Ni soy gran escritor, ni soy maravilloso, ni he vencido al sistema, ni mis logros son sólo míos. El peligro está en creerte esas palabras, enfermarte de aplausos y fotos, enfermarte de soberbia y alejarte de la congruencia a la que deberíamos aspirar en nuestra vida.

> «NO SON LOS MUERTOS LOS
> QUE EN DULCE CALMA LA PAZ
> DISFRUTAN DE LA TUMBA FRÍA;
> MUERTOS SON LOS QUE
> TIENEN MUERTA EL ALMA
> Y AÚN VIVEN TODAVÍA.»
>
> GUSTAVO ADOLFO BÉCQUER

En su lugar, dedico mucho tiempo a seguir desarrollándome como persona y a desarrollar mis negocios, a dominar algunos temas y a ayudar. En lo personal, a veces no me gusta la vida tan exageradamente apasionada que llevo por las cosas. Me disgusta no estar en equilibrio, mis impulsos me molestan, me gustaría ser más sereno —aunque tampoco puedo decir que no es una virtud—. Así que vivo en un esfuerzo constante por dominar esos impulsos.

Uno crece cuando desea ser mejor persona y cuando alimenta ese deseo; cuando enfrenta la incertidumbre del aprendizaje y tiene esperanzas; cuando asimila experiencias y construye su identidad; cuando sabe lo que quiere y se impone metas; cuando lucha con fe y se abre camino dejando huellas; cuando da a la vida más de lo que recibe. Entonces, nunca dejas de crecer. ¡Perfecto, sólo Dios!

Por lo demás, aunque mis hijos se incorporaron al negocio hace tiempo, sigo y seguiré trabajando *inconforme* en Pollo Feliz y en mis otros negocios —una huerta de manzanos, una plantación de magueyes, un negocio de marinado de carne y una inmobiliaria—, porque vivo convencido de que todo lo que hace el hombre es mejorable y que la vida es una lucha permanente para ser cada vez mejores. Mientras yo crea que sumo, permaneceré en los negocios, en las conferencias, en las acciones de responsabilidad social. Creo que si mantengo la distancia y me dedico a trasladar mi experiencia con la capacidad de ponerla al día es posible que sí lo logre. El retiro no está en mis planes. En esta vida también dejar de crecer en todos los frentes es comenzar a morir.

HOMBRE FELIZ

«ALIMENTA TU ALMA CON AMOR Y TUS TEMORES SE MUEREN DE HAMBRE.»

MAX LUCADO

Eso dice Lucado, yo digo: «Alimenta tu alma con esperanzas, ilusiones y sueños y tus temores se mueren de hambre», porque quien vive sin ilusión la vida se le convierte en obligación. Todo lo que hacemos en la vida lo hacemos porque queremos ser felices: si viajo, si no viajo, si trabajo, si no trabajo, si me caso es porque creo que con mi pareja cerca seré feliz, si me divorcio es porque creo que lejos de ella seré feliz. Hasta el momento no me he encontrado a nadie que se levante por las mañanas y conscientemente esté buscando dónde ser desdichado. Aunque la diversidad humana nos da esa posibilidad, yo no la he encontrado. Muchas acciones que podemos controlar dan bienestar: crecer, servir, el deber cumplido, enseñar, amar, soñar, querer, compartir. La felicidad es lo único que se multiplica cuando se comparte.

Muchas interpretaciones existen de la felicidad. Los budistas dicen que la ausencia total del deseo es la felicidad.

Algunos aseguran que está en el dinero, pero yo creo que influye más el amor en nuestros corazones que el dinero en nuestros bolsillos: el dinero ni ayuda ni desayuda, depende de las circunstancias.

La felicidad es la suma de sensaciones positivas y agradables, sensaciones que resulta difícil mantener unidas permanentemente, pues apenas las reúnes, ya se están separando, como una estrella fugaz: cuando la ves es porque está desapareciendo. Nadie es total ni permanentemente feliz. Somos muy felices a los 20 años porque confiamos en que todo lo que deseamos lo lograremos, somos nuevamente muy felices a los 60 porque llegar ya es un triunfo, los valores se acomodan —la amistad, el trabajo, los sueños— y la salud adquiere otra dimensión. En la sociedad occidental lo que más se acerca a la felicidad es luchar por las cosas que amamos, las cosas que para nosotros son importantes: la familia, la salud, el crecimiento, el negocio.

Yo fui feliz cuando era niño, soñando con tener más vacas, chivas, comida. Fui feliz también cuando en mi juventud recuperé mi libertad. Fui feliz trabajando de asistente para lo básico. Fui feliz ingresando y graduándome de la universidad de Juárez y Degollado. Fui feliz conquistando a la mujer que amo, apoyando a mis hijos, amando a mis nietos. Al momento de escribir este libro soy feliz.

Mi vitalidad se alimenta del futuro, mi filosofía me mantiene ilusionado, mi energía siempre me ha llegado de los sueños que he tenido en el campo o en la ciudad. Hoy confío en que la mejor historia todavía no la cuento, que el mejor libro aún no lo escribo, que el viaje más espectacular todavía no lo hago y que el mejor negocio todavía no lo abro. Tengo 64 años escribiendo estas páginas y estoy seguro de que lo mejor está por venir. La felicidad no está en la meta, está en la lucha.

DECÁLOGO

El crecimiento se da lejos del estado de confort. **Que nada te ponga más incómodo que estar cómodo.**

Quien ya conoce el camino **lo puede recorrer de nuevo.**

Quiere lo que haces para que **termines haciendo lo que quieres.**

El que sabe lo que quiere ya tiene parte del camino andado.

Nunca dejes a un lado la capacidad de aprender de tu propio negocio y de los cambios que sufre a lo largo del tiempo.

Es más importante ir en el camino correcto que ir a gran velocidad.

Emprender no es una decisión, es adentrarse en un mundo de decisiones, todos los días y toda la vida.

#BUSINESSTIP

En épocas de crisis no hay que levantarse en armas, **hay que levantarse más temprano**.

Si te dedicas a buscar un producto maravilloso puede ser que no lo encuentres nunca. **Si haces bien lo que otros están haciendo mal, ahí hay una oportunidad.**

La competencia hay que verla siempre a la altura de los ojos, si la ves pa'rriba da miedo y te paraliza, y si la ves pa'bajo te llenas de soberbia y también te paraliza.

Mantén a tu competencia enfocada en ti, mientras tú te mantienes focalizado en el cliente, y al final te irá bien.

Pon a tus clientes al centro y entenderás por qué en Pollo feliz no tenemos clientes cautivos, luchamos todos los días por tener clientes cautivados.

Inviértele a tu negocio hasta que vomite utilidades.

Busca convertirte en un activo vivo de tu empresa, un líder que ama y **conoce su negocio** tiene con qué solventar las épocas de vacas flacas, sabe qué son las coyunturas y está seguro de que algún día reaparecerá.

Desarrolla la virtud de la templanza, no te dejes llevar por las emociones y tentaciones.

La soberbia va implícita en el éxito y es lo primero que hay que superar, porque **si no escuchas, renuncias a la innovación.**

Debes tener la cabeza fría y t**ener coraje para levantarte cuando te caes.**

Mientras los hombres sean libres, nunca serán iguales.

Las oportunidades nos rodean todo el tiempo. Hay que ser receptivos para identificarlas y aprovecharlas.

No midas fuerzas con el que tiene la sartén por el mango, **es mejor un mal arreglo que un buen pleito**. En la cacería, como en los negocios y en el amor, a veces se pierde y a veces se gana, con un movimiento en falso puedes perder la presa.

No puedes negociar parejo si no estás parejo o en la misma posición que tu oponente. Nunca te sientas menos, el que sabe lo que vale busca lo que se merece.

No es malo dudar qué hacer, lo malo es hacerlo dudando tanto tiempo.

Que no te distraigan los espejitos tecnológicos del corazón de tu negocio. **Aprende a distinguir el tipo de tecnología que necesitas y úsala a tu favor.** Haz un uso estratégico de tus inversiones tecnológicas.

LÍNEA
DEL TIEMPO

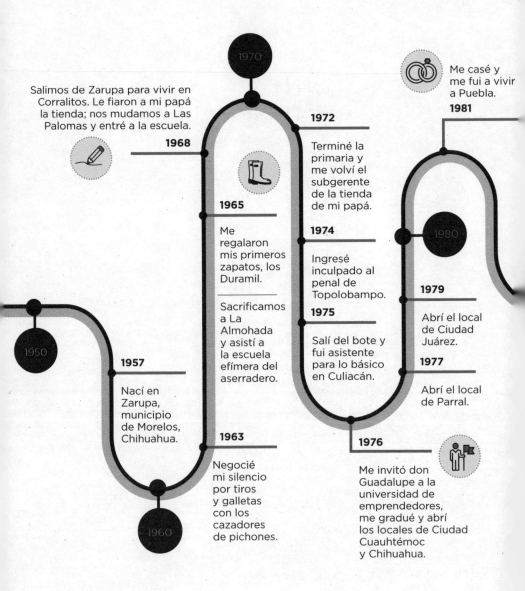

Salimos de Zarupa para vivir en Corralitos. Le fiaron a mi papá la tienda; nos mudamos a Las Palomas y entré a la escuela.

1968

Me casé y me fui a vivir a Puebla.

1981

1972

Terminé la primaria y me volví el subgerente de la tienda de mi papá.

1965

Me regalaron mis primeros zapatos, los Duramil.

Sacrificamos a La Almohada y asistí a la escuela efímera del aserradero.

1974

Ingresé inculpado al penal de Topolobampo.

1975

Salí del bote y fui asistente para lo básico en Culiacán.

1979

Abrí el local de Ciudad Juárez.

1977

Abrí el local de Parral.

1957

Nací en Zarupa, municipio de Morelos, Chihuahua.

1963

Negocié mi silencio por tiros y galletas con los cazadores de pichones.

1976

Me invitó don Guadalupe a la universidad de emprendedores, me gradué y abrí los locales de Ciudad Cuauhtémoc y Chihuahua.

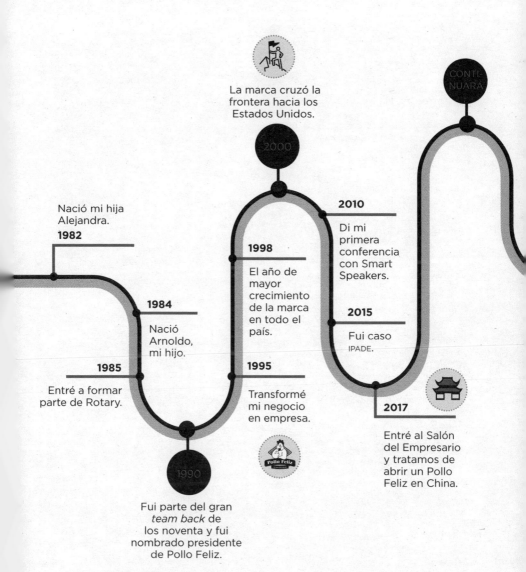

La marca cruzó la frontera hacia los Estados Unidos.

2000

Nació mi hija Alejandra.
1982

1984

Nació Arnoldo, mi hijo.

1998

El año de mayor crecimiento de la marca en todo el país.

2010

Di mi primera conferencia con Smart Speakers.

2015

Fui caso IPADE.

1985

Entré a formar parte de Rotary.

1995

Transformé mi negocio en empresa.

1990

Fui parte del gran *team back* de los noventa y fui nombrado presidente de Pollo Feliz.

CONTI-NUARÁ

2017

Entré al Salón del Empresario y tratamos de abrir un Pollo Feliz en China.

TUS CONCLUSIONES

Me encantaría conocer tu
sueño mexicano y tus planes para cumplirlo.
Escríbeme:

delarochaarnoldo@yahoo.com

Sueño mexicano de Arnoldo de la Rocha y Navarrete
se terminó de imprimir en febrero de 2022
en los talleres de
Litográfica Ingramex, S.A. de C.V.,
Centeno 162-1, Col. Granjas Esmeralda, C.P. 09810,
Ciudad de México.